新增願體廣類集

[清] 李仲麟 輯

[清] 乾隆三十年刊

江蘇大學出版社
JIANGSU UNIVERSITY PRESS
鎮江

圖書在版編目（CIP）數據

新增願體廣類集 / （清）李仲麟輯．— 影印本．—
鎮江：江蘇大學出版社，2018. 5
I SBN 978- 7- 5684- 0834- 9

Ⅰ．①新… Ⅱ．①李… Ⅲ．①道德規范—中國—古代
Ⅳ．① B82

中國版本圖書館 CI P 數據核字（2018）第 092247 號

新增願體廣類集

輯　　者/［清］李仲麟
責任編輯/張　冠　米小鴿
出版發行/江蘇大學出版社
地　　址/江蘇省鎮江市夢溪園巷 30 號（郵編：212003）
電　　話/0511-84446464（傳真）
網　　址/http://press.ujs.edu.cn
印　　刷/北京虎彩文化傳播有限公司
開　　本/850mm×1168mm　1/16
總 印 張/21.25
總 字 數/65 千字
版　　次/2018 年 5 月第 1 版　2018 年 5 月第 1 次印刷
書　　號/ISBN 978-7-5684-0834-9
定　　價/900.00 元

如有印裝質量問題請與本社營銷部聯繫（電話：0511-84440882）

出版説明

人是一種會思想的動物，無論是爲了適應環境，克服生存的困難，抑或爲了生活得更有意義，思想皆不可或缺。在一般的中文習慣中，思想的涵義比『哲學』更寬泛，這種語用習慣的差异，也影響到學者對學術視野的選擇。一般而論，思想史的範圍也較哲學史爲廣闊，雖然很少得到清晰地界定，但它不失爲一種有效的學術視野。

在近代中國學術史上，思想史研究的興起與哲學史大約同時。一九〇二年三月，梁任公在其創辦的《新民叢報》上連續發表了《論中國學術思想變遷之大勢》系列論文，這可能是最早由國人撰著發表的思想史論文。而第一本由國人撰寫的中国古代哲學通史，則爲一九一六年謝無量的《中國哲學史》。這兩本早期著述有其學術史的意義，但其中對學科的性質與研究方法等多無明確的説明。事實上，無論是學者的闡述，還是其實際的操作，在思想史與哲學史之間都不易劃出清晰的界限，直到當代也仍然如此。抛開細節不論，就語用習慣及有關實踐而言，思想史表徵一種對歷史文化廣闊而深入的關照，其研究方法，關注的問題，都較哲學史爲多元，史料基礎也不可同日而語。尤其是在郭沫若、侯外廬等人建立起來的研究傳統中，思想史有明确的社會史取向，或因其與傳統的文史之學有親和性，以至在今天，這種思路仍然很有生命力。

文獻發掘向來是思想史研究的基本環節。爲了促進有關研究，我們選輯多種文本編爲『中國古代思想史珍本文獻叢刊』。全編選目包括經典文本，如儒、道二家的經解，重要思想家作品的早期刻本，和某些并不廣泛受到關注的作家文集的舊刻本。本編中也選録了數種反映古代民俗信仰的文獻，如《關聖帝君聖跡圖志》等。這些文本在傳統的學術視野中，多以爲不登大雅之堂，在今日視之，或者正因其反映了古代社會一般的信仰氛圍，而有重要的文本價值。此外，本編也著意收録了數種通常被視爲藝術史史料的文本，如《寶綸堂集》、《徐文長文集》等，我們認爲對思想史關注而言，範圍與深度同樣重要。

選輯本編，也有文獻學上的意圖。中國古代有悠久的文獻學傳統，大量古籍文本的傳刻與整理造就了古代中國輝煌的古籍文化。本編收録的這些刻本不僅是古代學術發生、衍變的物質證據，也是古代古籍文化的重要部分。本編所收録的全部作品皆爲彩版影印，最大限度地保存了文獻的細節。其中有部分殘卷，視具體情況，或者補配，或者一仍其舊。本編的選目受制於編者的認識與底本資源，或者有不妥、不備之處，希望讀者不吝指正。

目録（四卷）

乾隆乙酉年鐫

富春李仲麟重輯

新增願體廣類集

本衙藏板

敘

余讀碩體集一書多係先正格言大而綱常倫理小而事物細微立身行己訓

俗型方其於誠正脩齊之
旨實相表裏文義雖淺鮮
而閱者却一目了然節其
闢冗集而成編授之剞劂

以公諸世使身心之間稍
為照察不無小補若亦覺
世利人則吾豈敢時
乾隆二十九年春王上浣

富春李仲麟建章氏撰

新增願體集

卷一

◎

卷三

謹臨事　　看聖賢書

報應　　毀涴書

田宅蚕嫁娶　　交遊謹慎

語中積德　　無子嗣

損功名　　折年壽

壞門風　　子孫衆多

功名顯達　　福壽綿遠

家道興隆　　唐王中書勸孝文

◎

雜錄附覽

新增願體集

富春李仲麟建章氏重輯

總論

凡有望于天者必先思巳之所作凡有望于人者必先思巳之所施如敬天地忠君王孝父母尊師長和夫婦友兄弟信朋友篤親戚睦鄉黨此數者人倫之根本逐一體行固非取必于報應而福祿自綿遠于無窮矣

父子

父慈子孝兄友弟恭縱到極盡處只是合當如此着不得一毫感激居功念頭如施者視爲德受者視爲恩便是路人便成市道矣

事親者雖菽水當盡承歡若到子欲養而親不在即椎牛以祭不如雞豚之逮親存也

少年子弟不可令其浮閒無業必察其資性才力無論士農商賈授一業與之習則心有所閑身

有所拘外而經營內而謀畫自然無暇他想矣
若任其閒游飽食終日必流入花酒呼盧鬬很
之中諸般歹事俱做出來勢必蕩產破家亾身
敗行故為人父兄者於少年子弟必尋一事早
令他做非定要得利也即其事無大利而拘束
了身心演習了世務諳練了人情長進了學識
這便是大利益也豈必得金哉若縱容子弟浮
閒慣了是送上了貧窮道路雖遺金千萬有何

益哉。

父嚴母慈。天性爲然。賢愚不易。但母太慈。有過姑息。而父太嚴。未免苛求。久之督責太過。其子反恐懼不前。不但智識顯倒。即言語問答。皆遲廻不敢出口。此因拘束太過。欲速期成之故。豈不可惜。是母當慈不宜太慈。父當嚴不宜太嚴。方爲中道。

父之望子。無不欲其敦倫厚情。獨是妾媵生子之後乳哺能食總角能行常見將妾遣去甚至結怨成讐此倫常中慘刻事也何以式訓其子夫以無子而置妾廣嗣及生子而活拆母子存心長厚者豈如是乎若憎貌醜何以收之於前若嫌妾名嫡庶律禮俱載況既托身則一生攸賴且既生子又母道所關以天性骨月秦楚分離于豈無知何能堪此凡長厚存心長厚望子者自不爲也

吾之一身常有少不同壯壯不同老吾之身後焉有子能肖父孫能肖祖如此期望盡屬妄想所可盡者惟留好樣與兒孫而已

男婚不宜太早女婚不宜太遲其中委曲多端不能盡述

今人每言女生外向遂忽畧不教不知養子不教玷止家門養女不教患貽他姓辱及父母故婦道貴循大體孝舅姑和妯娌敬夫君訓子女恤

奴婢勤紡績儉中饋甘淡薄任勞苦不聽讒言
不與外事今之女習者止知修飾容儀不能敬
承婦道有閨訓者女史內則諸書不可不令誦
解也
生子自乳爲要若覓乳婦必擇端莊之人後日其
子肖貌者居多恕伊拋棄親兒乳哺我子無非
爲貧所使不獨一切支給宜豐必令伊子得所
庶幾於心相安

父子為五倫之重孝為百行之先何也蓋吾人無父母不能有此身有此身無論懷妊十月母氏劬勞卽分娩時幾死得生命關呼吸矣迨後見笑則喜見哭則求見病則憂見寒則衣見饑則食見行則提遺穢而不為穢遇臭而不為臭有所嗜好多方求覓以博一笑鞠育顧復無所不至此所謂恩深罔極也人能細細追思揣摩雖蠢爾村夫無不涕泣而思孝養以報萬一也

人子報親之法無有窮盡然就常情論之當以奉養爲主奉養之道各隨其力在貧賤者父母旣處寒微眼界本來不大布素衣裳時新食品隨意一物皆可娛親人子所費原自無多父母得之已生歡喜況人雖極貧未有終歲無所入者但能先儘二人之用而後及其身與妻子卽竭力之道也若夫富貴之家卽將父母所遺還以奉之父母不過畧費一番調度而猶不肯効此

微勞非惟不仁亦大不才矣

人子於親俱當盡孝獨有四種父母待子之孝尤切曰老曰病曰鰥寡曰貧乏父母當壯盛時起居猶能自理至龍鍾鵠立扶杖易仆寒夜苦疾鐵骨難挨又如偏風久病坐臥不適遺溲叢穢席薦可憎子所難奉惟此時親所賴子亦惟此時又如老境失偶寒煖誰問就使兒孫滿前耦者耦稚者稚人人廝趣去箇箇樂事多漏聲長

處不可問枕邊淚濕與誰同秖憑半點骨血以博一世凄涼又有撫字財匱婚娶力竭健少年經營肥瘦老窮人搔首躊躇望一味一垂涎丐三餐而忍氣吁嗟身從何來而長養若是爲子者于斯更宜喫緊

兄弟

父母而下惟有兄弟孩提時無刻不追隨相好兄長而弟幼無目不提攜懷抱長各有室或聽妻

子語言或因財帛交易多致參商有餘則妬忌不足則較量及患難相臨雖至厚之親朋終不若至薄之兄弟若能同居共爨爲妙然有勢不得不分者如食指多寡不同人事厚薄不一各有親戚交游各有好尚不齊難稱衆心易生水火各行其志則事無條理況妯娌和睦者少米鹽口語易致爭端分爨而不分居者爲上若至分居兄友弟恭當愈加和好不然外患將至身

家難保矣語云兄弟同居忍便安莫因毫末起争端眼前生子又兄弟留與兒孫作樣看念之哉

家人離多由婦女婦女隙多出黠婢婦勿聽婢語男勿惑婦言雍睦其可敦矣

骨肉失歡有本於至微而終至於不可解者止由各自負氣不肯先下耳有一人能先下氣與之話言則彼此酬復遂如平時宜深思之

家庭之內。兄弟之間。和氣可以致祥。而致和之法惟在容忍。見如不見。聞如不聞。則小忿小利自不足以動之矣。

兄弟不睦。則子姪不愛。子姪不愛。則羣從疎薄。羣從疎薄。則僮僕爲讎。敵如此。若外侮一至。誰御之哉。

夫婦

男女有尊卑之序。夫婦有唱隨之禮。此常理也。若徇情肆欲。惟悅是動。男牽欲而失其剛。婦狃悅而忘其順。則昏而無所利矣。

夫之有婦。宗祀于此乎承。身體于此乎安。子姓于此乎始。家道于此乎成。易視之。恐處之戾亂之。皆未知此一倫之至要且重也。

夫者婦之天。仰賴以終身者也。若輕慢其夫。不顧其衣食。叱咤其夫。妄自立門戶。非悍婦。即淫蕩之婦也。

人之于妻也宜防其蔽子之過于後妻也宜防其誣子之過天下未有不正其妻而能正其子者故曰刑于寡妻

妻雖賢不可使與外事僕雖能不可使與內事主家者不可不知

有女之家以擇婿爲主而家業次之若論眼前榮華不察兒郎端正驕奢淫蕩暴戾恣雎不諳詩書鮮通禮義及女于歸之後或因年不相當或

因痼疾不治。或因痴憨難調。或因先收婢媵生有子女。或因公姑貪戾嫌薄。粧奩凌虐。時加氣勢。難近弱質。相從多不相安。口雖三緘。腸則九廻。由是日復一日。形容枯槁。爲父母者。能不爲之悽然乎。至于遙遠締親。尤宜愼重。一時義氣相投。片言而定。以致女子拋擲遠方。心爲不忍。縱使于歸之後。琴瑟和諧。而誕辰佳節。思及家人。完聚骨肉。團圓大有難爲情者。倘或性情不調時見反目天各一方舉目無親其何以堪即或數年而一歸不匝月而旋去現在難留後會未定當其出閣之日便是生離回首父母之邦竟成異域未免有情誰能遣此

男女不宜幼小時便議婚姻大抵女欲得托男欲得偶若論目前悔或在後蓋富貴盛衰更迭不常且人之賢否必年長始見若早議婚姻事無變易固善或昔富今貧昔貴今賤或所議之婿

流蕩不肖。所議之女狠戾不簡。從前約則難保家。背前盟則爲薄義。且爭訟或由之以興。不可不戒。

夫婦配合。人倫大事。乃有等地方造爲討喜之說。不知出自何典。合巹之後有喜卽爲全璧。無喜便屬瑕疵。夫喜者關係些須血耳。殊不知血之存遺。豈在淫合一事。或登高跨檻。或跌撲久蹲。或洗浴麻巾。或行經粗紙。或女年過長多食酸鹹俱能失去今人不察其新婦之賢德徒惑于洫泆之荒言以致醜播中外釁搆閫闈迨後婦秉堅貞夫心疑釋爲夫者急欲泯滅前言駟馬難追爲女者致使負屈含羞終身莫白亦可歎矣況琴瑟乖張家道不和往往由此明理達人自當昭悉

朋友

一心可以交萬友二心不可交一人。

朋友即甚相得未有事事如意者一言一事之不合且自含忍寬緩則霧釋氷消過而不留不得遂輕出惡言亦不必逢人愬說恐怒過心回無顏再見且恐他友聞之各自寒心

人情厚密時不可盡以密私之事語之恐一旦失歡則前日所言得憑爲口實至于失歡之時亦不可盡以交絕之語加之恐忿氣既平而復與通好則前言可愧

子弟習氣自孩提以至就外傅此數年中止知有父母兄弟而已及成人後貿易則有同夥公門則有同房進學則有同案交會則有同社不知不覺自然變化習氣此際年紀長成即父兄教誨亦不能多從惟此朋友一道最能染變最能砥礪所以列入五倫全在成立者自能擇交

交貴顯之士十不若交貧賤之士一交才學之士十不若交德行之士一交智巧之士十不若交

樸拙之士一交年少之士十不若交老成之士
一
小人當遠之于始一飲一啄不可與之交接泛然
若不相識則無怨無尤若愛其才能或借其勢
力一與親密後來必成大仇
小人固當遠然亦不可顯爲仇敵君子固當親然
亦不可曲爲附和
與剛直人居心有畏憚故言必擇行必謹初若不

相安久而有益多矣與柔善人居意覺和易然而言必予贊過莫予警積尤悔于身而不自知損孰大焉

交之初也多見其善及其久也多見其過未必其後之遜于前也厭心生焉耳人之生也但念其過及其死也但念其善未必其後之逾于前也哀思動之耳人能以待死者之心待生人則其取材也必寬人能以待初交之心待故舊則其

◎

費俗遊侈宜思之

交無望德此無市恩窮交所以能長望不勝奢

不勝厭利交所以必忤

泛交則多費多費則多營多營則多求多求則多辱

辱惟省事足以養廉慎交可以成德

博戲之交不終日飲食之交不終月勢利之交不

終歲惟道義之交可以終身

友先貧賤而後富貴我當察其情恐我欲親而友

欲疏也。友先富貴而後貧賤。我當[illegible]禮敬。恐友防我疏而我遂處其疏也。

交友之道。以淡爲主。[illegible]交[illegible]時[illegible]才力之足以相助也。心腹之可以[illegible]而與謀畫也。記識之[illegible]以助吾之短。彼之[illegible]與之日親日近。[illegible]不足以相助也。心腹之不足以吾[illegible]之不足與謀書也見識之未練達也錢財之不清白也不特無長可取且將有損于我仍淡淡焉與之日疎日遠可散即散之初以淡合後以淡散不見形迹不成仇怨此聚散之良法也

親族

同姓曰族異姓曰親雖遠近不同親疎各別皆當待以親愛處以忠誠恤其患難賑其困乏疎族窮親無所歸代為膳養乃盛德事若視同奴

隸全不禮貌必傷元氣

親友見訪有欲言不言之意此必有不得已事欲求我而難啓齒者當揣其意而先問之力之所能不可推諉

親故因窘相求量情量力曲加周給不必云借借則倘或不能償在人爲負欠在已或責望者有之如力量實不能應當直告以故切莫含糊致悞乃事

人之于宗族至戚自有名分是尊卑不可諱者常見炎凉之人每遇宗族在座若衣冠齊整人詢之則曰兄弟伯叔稍或貧乏襤褸則曰寒族或遇至戚在座若氣宇軒昂人詢之則曰舅姑姨表稍或憔悴落拓則曰舍親總之以富貴爲親厚視貧賤爲疏遠徒令達者冷眼

語云毋以小嫌疏至戚毋以新怨忘舊親此言親族之宜厚也無如人情惡薄遇富貴者卽疏族

遠親亦婉同骨肉遇貧賤者即同宗共祖反視若路人倫理倒置隆殺失宜良可歎也

親三黨睦九族交朋友和鄰里人生關一不可然四者獨睦族更宜講求每見今人修建寺宇鎔金塑像更有蓄養歌童妓女賭賽豪華往往不惜千金獨宗族而上反爭釐毫忽不肯用一文殊不知一族之中我果出人頭地此祖宗積德所及更宜培養厚道以及後人豈可膜視族人

饑寒困苦。況盛衰理本循環。在我未必常保豐盈。在彼未必終處貧賤。我視之如陌路。恐未幾身後子孫流落。人亦陌路視之矣。常見親支貧富相形。終年而不一聚。即有慶弔大事。在貧者非袖短裙長。即相將無物。幾同欲行欲止。縱使勉強登堂。足欲進而趦趄。口將言而囁嚅。此際即富者曲意周旋。尚增幾許跼蹐。況以傲慢臨之乎。此日遠日疏。骨肉所以閒闊也。人當審已

量力以周恤之庶一本之誼全矣

立心

人承祖父遺業衣食無缺此大幸也便當讀書守志安分經營即或家貧亦惟勤學立行爲鄉黨所重若喪心以求利人人惡之是自絕生路矣白日撳人難逃淸夜之愧赧紅顔失志空遺皓首之悲傷

常有小不快事是好消息若事事稱心卽有大不

稱心事隨後至矣知此理可免怨尤

說人之短而乃護己之短誇己之長而乃忌人之長皆由存心不厚識量太狹耳

聞人之善而疑聞人之惡而信慣好說人短不喜說人長其人平生必有惡而無善

氣欲忍而心欲慈體欲勞而心欲逸

耳能聽目能明吾身之至寶也若用之以求人過失而不用之以內照是以吾之至寶徒爲人用豈

不可惜

攻人之惡毋太嚴要思其堪受教人以善毋過高

當原其可從

貧賤時妄思富貴惡念即于此而萌富貴時回思

貧賤善心即于此而動

貧賤時眼中不着富貴他日得志必不驕富貴時

意中不忘貧賤一日退休必不怨

相由心生看相决不如看心命由心造立心即可

以立命

一念之善吉神隨之一念之惡厲鬼隨之人起惡念豈不危乎如做出來身命危險即不做出來而良田中已下惡種

先去私心而後可以治公事先平已見而後可以聽人言

今有人考其平生言遵道德行法先民宜乎吉祥駢集而家道日見衰微者何故良由心術之不

端也雖未有損人利己之事而時懷我強彼弱之思雖未有殘忍刻薄之行而時萌幸災樂禍之意由此觀之非是不做壞事乃力量不能做耳若一朝得志何憚而不爲哉如可以行不義而不行可以作不仁而不作纔是心術端方之士

有一善逢人賣弄有一惡到處掩飾此是良心不昧處若行事則反之何哉

行一件好事心中泰然行一件歹事衾影抱愧即此是天堂地獄

害人之心不可有防人之心不可無

當爲天下不可少之人莫作天下不可常之事當思心上過不去之事勿萠事上行不去之心

有以名利之說來者勿問大小悉宜應以淡心有以是非之說來者勿問人我悉宜處以平心

天地以好生爲心佛仙以戒殺爲最古云鈎簾歸

乳燕。穴牖出痴蠅。愛鼠常留飯。憐蛾紗罩燈。微物如此。況有功于人者。如耕牛守犬無害于人者。如走獸飛禽。往往人愛一臠。斷喉瀝血。刳胎誅雛。而不顧者。此獨何心。誠思半指探湯。護持失色。微膚遇蠆。啞咋驚心。人物雖異。痛苦則同。吾人立心。當如是觀。

凡人一生。以身爲重。吾人一身。又以心爲主。心好善則視聽言動無一不善。爲君子。爲英傑。爲正人。人皆尊敬之。不特一生受用無窮。即子孫亦享遺流福澤。其利益正未可量也。心苟不好善。則視聽言動。無一有善。爲小人。爲奸徒。爲強暴。人皆厭惡之。不特一生罹刑冒險。即子孫必遭困苦之厄。其禍患又何如也。凡此者。止須冷眼將目前所見所聞之人。詳考其祖父言德若何。自見天道報施不爽也。

立身

◎

貧不足羞可羞是貧而無志賤不足惡可惡是賤而無能老不足歎可歎是老而虛生死不足悲可悲是死而無補

揖讓周旋雖是儀文正以觀人之敬忽其在少年尤當兢兢守禮不得一昧率眞

平居寡慾養身臨大節則達生委命治家量入爲出狥大義則芥視千金

古今眞聖賢爲人决不迂腐古今眞豪傑爲人决

不粗疎

凡人應事接物胸中要有分曉外面須存渾厚血氣之怒不可有理義之怒不可無

人情好勝我以勝應必敗人情好謙我以謙處反勝

不交不可知之人自無不可知之禍能積實可據之德必有實可據之福

識見每欲深人一層或反入于淺議論每欲高人

一層或反入于埋益不見理而求勝不思致用

而徒快于言無益也

凡人才不足則多謀識不足則多事威不足則多

怒信不足則多言勇不足則多勞明不足則多

察理不足則多辯情不足則多儀

儘前行者地步窄向後看者眼界寬

能改過則天地不怒能安分則鬼神無權

巧人得利固多然得禍亦不少拙人安分無大利

然亦不致有大禍

嗜慾正濃時能斬斷怒氣正盛時能按納此皆學問得力處

事遇快意處當轉言遇快意處當住

對失意人不談得意事處得意日莫忘失意時

體認天理只在我心安不安人情妥不妥上

任他極有見識着得假認不得眞隨你極有聰明賣得巧藏不得拙

有作用者器宇定是不凡有受用者才情決然不露

眼界愈大心腸愈小地位愈高舉止愈卑

安詳是處事第一法謙退是保身第一法

一失足時千古恨再回頭是百年遲

我有功于人不可念而過則不可不念人有恩于我不可忘而怨則不可不忘

處事不可不斬截存心不可不寬舒持已不可不

嚴明與人不可不和氣

富貴家動持禮法卽爲求福之基貧賤士愛惜身

名定爲遠到之器

人只言人心難料不知自心更難料人只言人心

不平不知自心更不平識得自心方可說人

羣居守口獨坐防心

不欺二字終身用之不盡

護體面不如重廉耻求醫藥不如養性情立黨羽

不如昭信義作威福不如篤至誠多言說不如
愼隱微求聲名不如正心術恣豪華不如樂名
教廣田宅不如教義方
見遺金于曠途遇艷婦于密室是一塊試金石
富貴家宜學寬聰明人宜學厚
富貴人家不肯從寬必遭橫禍聰明子弟不肯從
厚必殀夭年
閒暇出于精勤寬悅出于恐懼無思出于能慮大

胆出于小心

學問

學者當有日新之功所謂日新之功者惟有常程不貪多而務博不一暴而十寒積以悠久自然日新若乃驟勤而遽怠方得而旋失雖欲日新豈可得哉

以積貨財之心積學問以求功名之念求道德以愛妻子之心愛父母以保爵位之策保國家

少年子弟父母蔭下教以讀書如牽羊入肆死不肯讀及至父母歿後家務纏擾或境遇艱難欲讀不能無論不能顯達功名出人頭地甚至舉筆重若千斤措詞奚啻十年三賦即酒席之間欲行一令道一底便覺手足無措若遇文人談笑惟有瞪目而視不知所言何事追思從前父兄之訓何可得也

看書如看戲有何不看之書悔過如悔棋有何不

一悔之過

讀書人但存一點修名之心文章自然精進行誼自然端方治家人但辦一片務實之心門戶自然安恬囊橐自然殷厚

詩書多讀見識自生文章頻改精神自出

一品行

禾稼頼乎秋成人品頼乎晚節人有晚節不終者非是兩截葢本色纔露耳故恭不誠則爲大機

變和不誠則爲眞鄉愿

大事難事看擔當逆境順境看襟懷臨喜臨怒看涵養羣行羣止看識見

治家勤儉者天不能貧立品高潔者天不能賤居心淡泊者天不能病制行精嚴者天不能殀

不自重者取辱不自畏者招禍不自滿者受益不自是者博聞

安莫安于知足危莫危于多言貴莫貴于不求賤

一莫賤于多欲

窮通貧富數已詎定君子樂得爲君子小人枉自爲小人

附權勢以立功功難成而品已壞剥愚賤以求利利難得而行已虧

人不自重每每取辱非但親友班輩之間即一切細人亦不可輕易肆言動手倘彼一時不遜必受耻辱縱使懲治在彼無足重輕在我已傷體

◎

商

人若一味老實到頭來大可成大小可成小若使一味說謊虛花平時無甚關係及有至急之情即須肺腑吐心腹人亦謊精目之矣豈不自誤

人貴心口相應今人多有外貌寬洪大度儼然達者及臨事之際却又口是心非即如人用錢笑其鄙俗慷他人之慨及到自己財物錙銖必較談及女色自謂寡慾之人不旋踵而又納妾置

娉有女必爭厚聘說到賠送動引牽犬爲詞娶
媳必望粧奩及行聘即引荆釵爲定親友冠
婚喪祭不肯輕用丈自己遇有此事怪人禮
節不周我之眷屬惡人窺覷別人婦女貪看不
休我借人銀嗔人取討人借我銀利上起利生
平最喜他人奉承自己却又倨傲以言嘲人視
爲泛常人詈戲謔拂然大怒自己之僕放肆護
短他人之僕有意責備此等陋品人自當察

平地坦途車覺無蹶巨浪洪濤舟亦可渡料無事必有事恐有事必無事

欲做金精美玉的人品定從烈火中煅出來思立掲地掀天的事功須從薄冰上履過去

人以品爲重若存一點卑汚黷貨之心便非正大光明頂天立地漢子品以行爲主若有一件衾影慚愧之事即非威儀厚重成泰山北斗品格

治家

三姑六婆勿令入門古人戒之嚴矣蓋緣此輩或稱募化或賣簪珥或假媒妁或治疾病耑一傳播各家新聞揣合婦人意向巧于說詞盜哄財物甚至爲賊之導奸之媒其害有不可勝言者最所當謹也

蚤起之家則不夜飲可知不夜飲則奴僕無奸盜可知諺云通宵飲宴清晨臥此是人家大不祥

家無姣童不惟省自巳防閑且免傍人疑議至僕
妻乳婦妖艷者切勿授僱惟其不見不聞可消
無限妄念無限禍端

凡人一生未必盡是逆境但使主家者能存心謹
愼居躬儉約得寸則寸得尺則尺小小成箇局
面何至沿門持鉢

有一樂境界便有一不樂的相對會有一好光景
一便有一不好的相乘除只是尋常茶飯實地風

光纔是箇安樂窩

樂勞苦營本業其後衣食必有餘縱口腹事遨游其後衣食必不足非天也非人也自取之也

起家之人易于殷富蓋服食器用及吉凶百費規模淺狹日入之數每多于日出此所以常有餘也富家之子易于破蕩蓋服食器用及吉凶百費規模廣大日出之數每多于日入此所以常不足也

高年倦勤。多將財產分給子孫若祖父祊無偏曲。子孫各能戮力則分給之後自無爭訟倘以憎愛之私致有厚薄或于分給之內暗有重輕必起他日爭端

俗子居家精明之事多是刻寛厚之處多是昏若能瑣屑不較而不失精明澀滑了然而務從寛厚豈惟家治亦可通于學矣

子弟不得自打僮僕婦女不得自打婢妾有過則

告之家長爲之善遣家長亦不可親自鞭打恐

一時怒氣所激鞭打之數必不計當觀其過之

輕重徐徐責問不惟養威而僕婢亦自畏懼矣

富貴如傳舍惟謹慎可得久居貧賤如敝衣惟勤

儉可以脫卸

婦人聚會少則是非之起無因而戚誼自篤男子

燕飲少則酬酢之費有節而物力亦培

閨門

男女之所以隔絕者。惟爭一見。禮云。外言不入于閫。內言不出于閫。即聲音尚不容通。況顏面乎。于此見古人防微杜漸之意。有等婦女。竟不避人。入寺燒香。登船遊玩。爲丈夫者。明知而縱之。其故何歟。甚有好見人者。反笑避人爲不大方。則惑愈甚。

主婦職在中饋。督紡織。至老勿踰中門。下及侍女。亦宜同約束。如有恣性越禮。遊山遊湖看戲

一燒香出露體面即非士族家法
閨閫之教與子弟之教不同子弟欲其上知千古下明當世然後胸中有所得婦女則不然除勤儉和順女紅中饋之外不必令有學識獨有沿街敲鼓唱說書詞之人編成七字韻婦女最喜聽之以其鄙俚易解又且費錢無多大家小戶往往喚來唱說維坐羣聽初則階下敷陳久則內堂演說始而或言賢孝節義之事繼而漸及

淫奔苟合之詞婦女聽至患難淒慘每多感歎墮淚及聽到綢繆私合保無觸念動心余意婦女概不令其讀書尤不可容看戲文聽唱說也閨門嚴肅之家宜細防範

謹飭閨門人盡知之乃主家者于服食器用之類或躬親備辦或介紹分勞獨于婦女抿掠脂粉女紅針線等物每多聽其自購常見閭巷閨雛朱門媵婢叢遝竚立與街市貨郎擇揀精粗奪

來捨去。男女混雜殊爲不雅。豈禮嚴內外。獨此不禁耶。深心者當令僮僕代之

居家第一件事在嚴肅閨門。居官第一件事在澄清衙役。

閨閫之內。不出戲言。則刑于之化行矣。房幄之中。不聞戲笑。則相敬之風著矣。

居家

人之家貲內囊。乃一巳之物。外人何從而知。然俗

有黃金在櫃分兩在街之語是人身分外竟可得而知常有自己之妻與子而反不知者何也其中或係祖遺蓄積家長匿買深藏而妻子不知容或有之獨是眼見自創規模明知有限局面不過家長善于敷衍凡事運籌謀畫頗爲措備內而布帛菽粟令其粗安外而禮節應酬無不周到即婚喪諸務不露破綻此皆家長一團心血所致無非粉飾體面而已乃自己妻子竟

謐曰　爲眞正富厚財主。年幼之兒華衣美食。猶屬小事。年長之子。不遂其欲。即出怨言。妻既怪其節儉。媳亦笑其財奴。一家憎惡。各懷不滿之意。諭以家私有限。全然不信。告其實在空虛。亦屬枉然。爲家長者。忿急莫訴。惟自嘆其死而後明。柰終朝絮聒難甘。恐受將欲棄其家而不顧。又覺近似乖張。可憐一生辛苦。反令有口難分。有寃莫辯。終日抱悶于懷。因此抑鬱成疾。雖水落石出。到後方知。但棺內之人。焉能起而剖之。以自生前之非。誑世有莫與兒孫作馬牛之句。乃外人語。今觀此情。卽自己兒孫亦是此意。

淫詞艷語。春宮綑鈴之類。正人君子不蓄于家。至于藥中硫黃、巴豆、水銀、砒霜。以及洗衣之銀姑水。供玩之珍珠蘭。全要收藏謹慎。若誤入人口。何異鶴頂紅之毒也。曾有孩童誤吃附子而殞。又有嬰兒舌舐爆竹而亡。推廣言之。可不愼乎。

◎

再如利刀器械。設以防家。亦當貯于密處。若琳瑯四壁。恐短見女子無賴小人爭鬬之間。隨手亂動。萬一有傷。豈不反滋禍害耶。

周坦然先生觀宅相四十吉祥字。字字箴規。附之集中。以勉同志。

案頭無淫書。架上無新整書。手且未觸何有于目座上有二三十年前老友。堂中有七八十年前古桌椅。門下有祖父遺留厖眉皓首老僕。婦女不垂簾觀劇。婦女不識字。老

妾孀婦。不變作尾姑。　不呼優人同坐。不在
席上接優人曲。不以筋并足代爲打板。　外無
姣童。內無老婢。　不教婢子度曲。紙牌不入
手中。　不解新令。不爲酒糾。　肯習醫卜。　席
上不勸人第二日補齋。　僕從不與主人同坐
者並坐。　凌晨客至。僕從已拱立候命。主人已
盥沭相迎。　僕從各隨其姓。　門前僕從見士
人過。無論識與不識。皆起身直立。遇諸途。皆側

立讓行　不奴隸疏親窮族　不學蘇習口角無閗門事　戶中無刻薄尖酸議論　先輩格言常在壁上口頭　凡夢俱可告人　十二歲以上小童不入內戶女童不出外戶　肯爲人死轉寄家信　能明佛理却不爲邪說所誘　肯周濟貧親族　或助人婚嫁　或代完官贖　却不做佛事　不修建菴觀　肯爲人說現前報應　肯聽人說報應諸事　即不能奉行感應篇功

過格。每日能體認所行善惡。書館中小學生
有讀四書小註聲。不以病試醫肯將已驗醫
方或抄或刻施人。躬送破衣親友出門外。
受人賀分即一簞一絲無微不答。不磨祖父
圖章刻作已名。有贈祖父詩文者能舉其姓
字習其篇章。不戲謔父執貧友。內聲不聞
于外。坐定不問新聞。司閽人同卑幼貧賤
親友惟恐傷其意。

田宅。

置田宅者。卽非有餘。尚在順境。棄田宅者。事非得已。不是可知。每見居間之人。于成交時。往往迎合買主。摻剔刁難。事事刻削。棄產之家。因在急需。隱忍從命。日後不能無言。殊非貽謀計也。至于契書。不妨加意斟酌。價目一切當以厚道待人。俗說金子買田金子在。糠粃依舊換糠粃。詩云。一泒青山景色幽。前人田土後人收。後人收

得休歡喜更有收人在後頭

凡田產基址相連不可遂萌兼并之心即使有人或因家貧或因別故轉售于我必以足價與之不可因彼事勢急迫故意推托欲其減價賤售諺云田是主人人是客自開阡陌以來此田此地買者賣者不知經幾千百人而後傳至于我我今得之能必其世世相承千百年而不失乎至于我價一節在賣者恒稱某房原價所置甚

多某田照鄰虧剋不少以壓買者之口而買者常云某房已經增修無算某田業已挑濬多工以塞賣者之詞紛爭不已總之各宜自揣苟價已足此衷無愧又何慮焉若只圖得之易不思他人置之難目前身後循環甚速當聽親友處分必使賣者無憾庶幾買者可安若兩不相下更有從中起釁者一言憤之追悔無及矣

田宜多置屋宜少造在住居前近水後有園第一

進爲門面第二進爲客堂第三進爲內室第四進爲後屋每進有四五間儘可以居矣此論中等守成人家也若夫創業之人屋止求其可以容身餘宜竭力置田以圖生息若徒事屋宇奢華不以田地爲根本便非節儉成立之人立見其敗矣至于置田宜整塊不可零星致有奔走收米之勞價宜從貴不宜求賤非徒以濟賣產者不得已之急也價貴則原主無我貼取贖之

心。且即有不肖子孫棄賣。亦難于輕廢矣。
起造屋宇。最是人家難事。須數年經營。先議基址。
或平高就下。或增卑爲高。或築墻穿池。逐年已
辦。然後議規模之大小。工料之多少。細至椽桷
籬壁竹木之屬。必籍其數。木植幾何。瓦石幾何。
皆以日用餘資。逐年收買。堆垛斲削。以待其用。
雖儉雇之費。亦不取辦于倉卒。庶宅成而富自
若也。

新增願體集

富春李仲麟建章氏重輯

訓後

古云。父兄之教不先。子弟之率不謹。是子弟傚法必視父兄。乃父兄訓之節儉。而仍然淫佚。父兄訓之謙勤。而仍然傲慢者。其故何歟。良由父兄日爲傲慢。而責子弟以謙勤。父兄日爲淫佚。而責子弟以節儉。正與孟夫子所言。夫子教我以正夫子未出于正也爲父兄者當先作榜樣子弟少年時不當以世事分讀書但令以讀書通世務切勿順其所欲須要訓之以謙恭時時遏抑他則驕氣自除鮮衣美食當爲之禁淫朋匪友勿令之親則志趣自然朴實近理其相貌不論好醜果能終日讀書靜坐便有一種文雅可觀即一顰一笑亦覺有致若恣肆失學行同市井縱美如冠玉列之文墨之地但覺面目可憎

即彼自視亦覺置身無地矣
烈女閨範諸書近日罕見淫詞艷語觸目甚多故女子不必令其識字寧可使人說其無才不可使人議其無德
十賢子孫未必能興家一不肖子孫破家爲有餘他事皆可區處唯子孫不肖無策可治人不知教子孫而徒爲之營生謂之智不可也
語云有好子孫方是福無多田地不爲貧好與不

好只爭个教與不教。世上那个生來就是賢人。都是教訓成的。那个生來就是惡人。都是不教訓壞的。也有大姓人家子孫辱門敗戶。也有貧賤人家子孫立身揚名。可見全在教訓。每見人家祖父愛子孫。定要好食與他吃。好衣與他穿。獨不思吃慣穿慣了好的。便不知樽節。賣田賣地。都從這裏來。又見人家祖父疼子孫。儘他要的把來與他。儘他惱的替他打罵出氣。獨不思

順從他慣了必至自縱自由闖禍生事那時節
雖悔也遲了從此一想子孫如何可以不教但
教訓有个方法求教他作家先教他做人教他
做好人先教他存好心明倫理顧廉耻習勤儉
守法度方是教訓

世家子弟不知稼穡艱難每每怠惰奢侈不習禮
節皆由父兄失教之故蓋子孫之賢不肖關係
家運之絶續爲父兄者誠心端行上之有潛孚

默尊之神工。異語法言。次之有隨事化誨之實
訓。此當有一段苦心。非徒責之子弟也。
人家子弟。知識稍開。課誦之餘。一切家計出入。人
情世故。須爲講究。即如飲食。使其知稼穡辛勤。
衣服。使其知機杼工苦。并田庄望歲時豐稔。經
營慨物力艱難。漸漸說至創業守成。防危慮患。
多方譬喻。此等言語。較之詩書。易於入耳。使其
平日了然胸中。及長庶幾稍知把捉矣。

童子六歲啟蒙受業須先令其識字未讀時細心
指示已讀後令其存想如存想不出隨查讀過
寫過之字與之印證讀時務使其口到眼到心
到寧可緩念必要句讀清楚毋貪捷誦致吐字
含糊生書則寧少而勿多多讀不如勤理退前
添後是爲良法習字先用紅影鎖筆令其描繪
甫能持筆即教以後先次及周正及脫手能書
不克遽就爲師長者或先寫邊旁或先寫上半

俾有徑可循爲則不遠慎勿省手巧寫積慣難改
非讀書不能登貴顯之地非積善不能生聰慧之兒
凡人生子至四五歲看其口角清楚知識漸開即用小木板或素紙裁作四方者千塊端書千字文每塊一字令其子每日識十字或三五字復令其湊集成句讀之或聚或散或亂或整听其

須要則其識認自眞

淫詞小說多將男女穢跡敷爲才子佳人以淫奔無恥爲逸韻以私情苟合爲風流雲期雨約摹寫傳神少年閱之未有不意蕩心迷神魂顛倒者在作者本屬子虛在看者竟認爲實有遂以鑽穴踰墻爲美舉以六禮父命爲迂濶遂致傷風敗俗滅理亂倫則淫辭小說之爲禍烈也即有寓意因果報應但人多畧而不看將信將疑

況人好德之心決不能勝其好色之心旣以挑引于前豈能謹飭于後有司者正其士民有家者關其子弟于此等淫詞嚴行禁毀

子弟幼時不可不督以讀書書不讀則不知禮法文墨而淪於俗及列於大庭廣衆之前談文論古之際外雖佯作笑容內若針氈刺股求其早散一刻而不可得爲父兄者於子弟成人時察其資質可讀則讀卽不能爲科貢第猶可爲鄉

祭酒及長而不能讀速督令習耕爲勤儉守家之人若非耕讀而習於商賈已爲逐末非承先啟後之道倘任其游蕩惟好鮮衣美食一味浪飲酣歌讀又不成耕又不能勢必流入無賴窮徒而後已此皆爲父兄者不教之過也

行藏

人以聽其自然謂之順天不知天賦我以聰明才識與庸衆不同者原有許大事業待我盡之若

聽其自然而人事不盡是逆天也安得謂之順
哉
得失有定數求而不得者多矣縱求而得亦是命
所應有語云緊行慢行前程止有這些路逆取
順取命中止有這些財何苦損人利已自多貪
圖也
少年不宜收歛太蚤亦不可聰明太露如花之千
葉者必無實以其精華發盡也人若開口便刻

薄尖酸好譏論人者。不獨無實且恐根將朽矣。

名心未化對妻孥亦自矜莊隱衷釋然即夢寐皆成清楚

人生待足何時足未老得閒纔是閒

貧賤時累心者少宜學道富貴時施與者易宜濟人若貧賤而存濟人之心富貴而兼學道之志尤加人一等

徑路窄處留一步與人行滋味濃的減三分讓人

食。

得意之人多濶畧。濶畧似乎坦率。然恐其過畧而近于踈慢。失意之人多深隱。深隱似乎沉潛。然恐其過深而隣于谿刻。

經一番折挫。長一番識見。多一分享用。减一分福澤。加一分體貼。知一分物情。

不到極逆之境。不知平日之安。不遇至刻之人。不知忠厚之善。不遇別離之苦。不知聚處之歡。

可以一出而救人之危。一言而解人之紛。此亦不
必過爲退避也。但因以爲利。則市道矣。
慾不除。似蛾撲燈。焚身乃止。貪無了。如猩嗜酒。鞭
血方休。
適可日清酌中免思。
爭名利要審自己分量。不要眼熱別人。更生妒忌
之念。撑門戶要算自己來路。不要步趨別人姿
生扳扯之計

務小巧者多大拙。好小利者多大害。不如順理直行。步步著實。得則不勞。失亦無愧。

見人私語。勿傾耳竊聽。入人私室。勿側目旁觀。

凡人但遇逆境。只宜安靜。不宜躁動。如舟遇逆風。必欲開船。鮮有不失事者。

富貴之家。雖主人謙虛。而閽人多有驕悍之氣。士君子于此。當自愛。可以無求。便宜少往。寧令怪其不來。無令厭其數至。

人生自幼至老無論士農工商智愚賢不肖刻刻
常懷畏懼之心如明中畏天理暗地畏鬼神終
身畏父母讀書畏師長居家畏鄉評做官畏國
法農家畏旱潦工匠畏差使商賈畏虧折兢兢
業業方了得這一生
清福上帝所吝而習忙可以銷福清名上帝所忌
而得謗可以銷名造謗者甚忙受謗者甚閒
百技皆可成名天下惟無技之人最苦片技即足

自立天下惟多技之人最勞

有大通必有大塞無奇遇必無奇窮

怪小人之顛倒豪傑不知慣顛倒方爲小人惜君子之受世折磨不知惟折磨乃見君子

以患難心居安樂以貧賤心居富貴則無往不泰

以淵谷視康莊以疾病視强健則無往不安

極難處是書生落魄最可憐是浪子回頭

從極迷處識迷則到處醒將難放懷一放則萬境

寬

打人思及抵命則其手自戢告人慮及招誣則其詞自焚

做人無成心便帶福氣做事有結果亦是壽徵

人情豈無缺陷不可到處求全天道實忌滿盈何妨有時不足

執拗者福輕而圓融之人其祿必厚操切者壽夭而寬厚之士其年必長故君子不言命養性即

以立命亦不言天盡人自可回天

聽言

聽言當以理察傳之小人之口不足輕重出之正人君子便有關係

言有三不可聽昵私恩不知大體婦人之言也貪小利背大義市井之言也橫心所發橫口所言不復知有禮義野人之言也

聽人語言勿遏以已見勿撓以他端惟談及市井

淫媟者。宜引正事以遏絕之。毋令得竟其說。

一坐之中。有好以言彈射人者。吾宜端坐沉默以銷之。此之謂不言之教。

神人之言微。聖人之言明。衆人之言多。小人之言妄。士君子不能陶鎔人。畢竟學問中工夫未透。

天下無不好諛之人。故諂之術不窮。世間盡是善毀之輩。故讒之路難塞。

處富貴。勿聽僕隸之言。值貧賤。莫信妻孥之口。恐

妻孥之見短而僕隸之心貪且險也

責我以過當虛心體察不必論其人何如局外之言往往多中每有高人過舉不自覺而尋常人皆知其非者此大舜所以察邇言也

有人告我曰某謗汝此假我以洩其所憤勿聽也若良友借人言以相惕意在規正其詞氣自不同要視其人何如耳

人有揆我之所好而以言誘我者當察之無爲其

所誘而至流連荒亾破家蕩產則智矣人有知我之所惡而以言激我者當察之無爲其所激而至破釜沉舟喪身辱命則明矣

諂諛之言易于入耳人以諂諛進吾耳者未必正人也彼將有取于我也宜加意防之規諫之言難入于耳人以規諫進我耳者此誠君子也彼實有益于我也宜細心聽之

慎言

修己之要非一端清心爲要涉世之要非一端慎
言爲先
生人之惡不可言也死者之惡不忍言也
言語之過似小實大有一言而傷天地之和一語
而折終身之福者切須簡點
好說人陰諱事及閨門醜惡者必遭奇禍且言之
鑿鑿如曾目覩旁有鬼神何不說得畧活動些
取怨招禍言語佔了八分此是常人最易犯處不

可不收緊壞品賤相錢財佔了八分此是常人最易動處不可不放鬆

以言譏人此學者之大病取禍之大端也稠人廣坐之中不可極口議論逞巳之長非惟惹妒抑且傷人豈無有過者在其中耶惟有簡言語和顏色隨問而答庶幾可耳若一言有失悔愧無及不可不慎也諺云飽知世事慵開口看破人情只點頭若使連頭能不點更無煩惱更無愁

隱惡揚善待他人且然自巳子弟稍稍失歡便逢人告訴又加增飾使子弟遂成不肖之名于心忍乎

事上言貴約不可以一事而蔓延取辱接下言貴簡不可以一言而冗長取厭

以言傷人者利于刀斧以術害人者毒于虎狼言不可不慎術不可不慎也

恩讐分明四字非有道者之言也無好人三字非

有德者之言也

言人之私即已私言人之過即已過

將欲論人長短先思自已如何

耐貧賤不作酸語耐炎涼不作激語耐是非不作辨語耐煩惱不作禪語此誠世間大度漢有無窮作用無窮受用

乘醉乘興徃徃失言及覺而百計挽回費盡氣力何能挽回得來何不于醉時興興時高談濶論時

畧加謹慎免追駟馬
戲而不謔詩人所稱終日正襟莊語人豈能然但戲止以解頤切勿互相譏誚而為謔因戲成仇則何益哉
拜訪坐定先叙寒溫次陳見聞繼而方道來意此大槩皆然若乍交初識則一切言語尤須留意庶不至禍從口出
交接宴會之間人品不齊或行檢有玷或相貌不

全或今雖尊顯而出身本微或先世昌隆而後
裔流落言語之間須留心檢點切勿犯人忌諱
令其愧恨不獨自失厚道亦且結怨于人
人前做得出的方可說人前說得出的方可做
存心說謊固不可開口賭呪亦不可
對官言清則不清者怒對友言直則不直者憎
對痴人莫說夢話防所慎也見短人莫說矮話避
所忌也

居處

不爲過三字昧却多少良心沒奈何三字抹却多少體面

恃勢凌人恃智愚人者猶登氷山而自謂身高苐恐太陽當空氷山消釋則落身泥塗置足無所矣願以爲戒

進一步想有此而少彼缺東而補西時刻過去不得退一步想只吃這碗飯只穿這件衣俯仰寬

然有餘

受人凌辱畏其勢而忍之者不足爲忍無可畏之勢而能忍之者是爲眞忍

凡親友借用車馬器物不可吝惜然借者必須加意照管勿令損壞萬一損壞急爲修製完好切勿朦朧搪飾送還

人家隆盛之時產業多不稅契雖當事未必遍查恐久之勢去子孫反受其累

◎

斗斛秤戥之類今人有用兩樣大入小出重入輕
出此損人利已之事富貴有命全不在此些微
之間

登人之堂即知人室中之事語云入觀庭戶知勤
惰一出茶湯便見妻父老奔馳無孝子要知賢
母看兒衣可見有諸內必形諸外爲人之子與
妻者尤不可不知

人生多一事即有一事之累凡娛情適興無過園

亭聲色數端須審自已境界如地步稍寬而終日攢眉蹙額如枯木死灰固非人情若一味沉湎恣縱亦覺太過

悖謬之事野人之言其不干名義者亦不必舉以剖辨獨是事關倫教有不得不言者如人子服闋之日流俗相率慶賀筵歌宴飲結綵披紅謂除凶而就吉夫恨未終天歡成一旦孝思罔極豈無餘哀何喜可賀悖謬甚矣

酒色財氣。人情難免。然于四者之中。惟色爲最。必須御之以義。制之以理。始無損于名節。今人明明具酷好之癖。而故作違心之談。殊不知有諸內。必形諸外。將誰欺乎。即如言及邪淫。無不同聲嗔怒。及遇觀燈賽會等事。男女雜沓之時。儘有素稱拘謹。夙號老成。到此不能自持。後顧斜睃。全副精神。注射于窗間簾下。伊且以爲得計傷人早見肺肝。遂遇偶逢。無可如何者且然。況密邇易狎者乎。再如賓筵演劇，內子垂簾，而輕佻者于斯屬意，傷竊存神，近坐不時，除冠易服，或則欠背伸腰，賣俏取憐，莫能形狀。殊不知此羣列簾中者，非友室即周親，是可忍也，孰不可忍也。試問一盼之間，有何利益。平日拘謹老成，瞬息被人看破矣。

樓下不宜供神，慮樓上之穢褻。屋後必須開戶，防屋前之火災。

居處必先精勤乃能閒暇凡事務求停妥然後逍
遥

閒居勿極其歡寢處勿忘其患

無事如有事隄防纔可弭意外之變有事如無事
鎮定方可消局中之危

閨閫內不作戲言郎是修身齊家之始草稿上不
寫便字亦關誠意正心之功

兄弟爭財其父遺不盡不止妻妾爭寵其夫命不

死不休

處世

人欲易流處順境難于處逆境世情叵測待小人難于待正人

待小人宜寬防小人宜嚴

年高而無德貧極而無所顧惜此兩種人不可與之較量

鄉曲士夫之中有挾術待人近之不可遠之不能

者所謂君子中小人不可不爲之防農商僕隷之流有天資忠厚可任以事可委以財者所謂小人中君子不可不加以禮

枝頭秋葉將落猶然戀樹簷前野鳥至死方得離籠人之處世可憐如此

閒事少管只鮮咎閒話少說則省過

能容小人是大人能處薄德是厚德

德業常看人勝于我者則愧恥自增境界常看人

不如我者則怨尤自寡

見人有得意事便當生歡喜心見人有失意事便當生憐憫心

縱與人相爭只可就事論事斷不可揭其父母之短揚其閨門之惡此禍關殺身非止傷長厚也

凡一事而關人終身縱實見實聞不可着口凡一語而傷我長厚雖閒談酒謔慎勿出言

與人相處雖貴情意投洽然亦不可狎昵太甚如

齒有長幼。斷當序齒。分有尊卑。斷當明分。內外男女之間。更當有別。笑語戲謔之言。更當有節。勿攻人陰私。勿犯人忌諱。斯嫌疑既遠。可處久矣。

地之穢者多生物。水之清者常無魚。故士君子處世。當存含垢納汙之量。不可有執拗刻薄之行。

積善

現在之福。積自祖宗者不可不惜。將來之福。貽于

子孫者不可不培現在之福如點燈隨點則隨竭將來之福如添油愈添則愈久

積德于人所不知是爲陰德陰德之報較陽德倍多造惡于人所不知是爲陰惡陰惡之報亦較陽惡加慘

君子能扶人之危周人之急固是美事能不自誇則益善矣

終日端坐畧無勞事未饑而飯至未寒而衣添飲

酒食肉呼奴使婢居有華堂出有舟輿可謂色
色如意矣不于此時爲善豈不大可惜乎嘗思
及此善念自生
人當貧賤時爲善善有限爲惡惡亦有限無其力
也一當富貴時爲善善無量爲惡惡亦無量有
其具也故富貴者乃成敗禍福之大關不可不
愼
急難濟人一善可以當百善

貧士肯濟人纔是性天中惠澤闊塲能篤學方爲心地上工夫

人之所賴以生者惟錢財能于錢財上寛一分待人省一分濟人事事留心久久習慣雖不見福禍自消矣

語言之間最可積德如見人爲善以一言贊成之見人爲惡以一言諫止之人有爭訟以一言勸解之人有寃抑以一言辨明之以至勿訐人陰

私勿談人閨閫其功德俱無量

世情

使人有面前之譽不若使人無背後之毀使人有乍交之懽不若使人無久處之厭

怨自德彰故使人德我不若德怨之兩忘仇自恩立故使人知恩不若恩仇之俱泯

世態炎涼可以磨礪真儒之品衙門冷落可以養成廉吏之操

成名每在窮苦日敗事多因得意時
冷煖無定驟煖勿棄綿衣貴賤何常驟貴勿捐故
友
倚高才而玩世背後須防射影之蟲飾厚貌以欺
人面前恐有照膽之鏡
求足何時足知足便足待閒何日閒偷閒便閒
利可共而不可獨獨利則敗謀可寡而不可衆衆
謀則洩

費千金而結納勢豪孰若傾半瓢之粟以濟饑餓搆千楹而招徠賓客孰若葺數椽之茅以庇孤寒

辱人以不堪必反辱傷人以已甚必反傷

貧賤生勤儉勤儉生富貴富貴生驕奢驕奢生淫佚淫佚復生貧賤此循環之常理

不近人情舉世皆畏途不察物情一生俱夢境

人處順境不獨凡事易于爲力且無往而不以爲

是譬如順境之人赴席偶爾來遲主家即喜其周旋設或稍遲又必代原其事允在逆境者則不然也早則主家追陪厭倦遲則厭其故意延捱世態炎涼人情惡薄即此一端可概其餘豈知逆境之人遇邀飲而不至者或慚衣履之不整或慮齒長而僭坐或防風雨驟至途次泥濘或恐席遲夜歸路無燈火一舉一動大費躊躇耶

凡事留不盡之意則味深。凡情留不盡之意則趣多。

情最難久。故多情人必至寡情。性自有常。故任性人終不失信。

人情冷煖。世態炎凉。在處順境者固宜體貼人情。而處逆境者亦必自重品行。以副人體貼之心。

循環天理。故君子履安以思危。反覆人心。故小人行險以徼倖。

禮節

禮節雖屬虛文。爲人不可不習熟。即如作揖打躬。安席告坐之類。素不留心。驟一登場。必然手足無措。

富貴受貧賤禮。以爲當然。殊不知幾費設處而來。即一箋一絲。宜從厚速答。

男女拜見之禮。必係至親本族。方可入內接見。今有不論親疎。每遇元旦慶賀。不煩通報。直達于內甚至主人力辭必欲堅入恃親厚者有之懷戲謔者有之匆匆多有未及預備或梳洗未完或裙衫未整萬一窺見隱微彼此何以自安愚意毋論尊卑上下當看主人之意若必欲勉强拜見則于禮有乖于情不合也

節儉

儉者君子之德世俗以儉爲鄙非達識也儉則足用儉則寡求儉則可以成家儉則可以立身儉

則可以傳子孫奢則用不給奢則貪求奢則破家奢則損身奢則不可訓子孫相反如此可不念哉

食可飽而不必珍衣可煖而不必華居可安而不可麗吉凶賓客可備禮而不必侈貪饕以招辱不若儉而守廉干請以犯義不若儉而全節

奢華之習江南爲甚即嫁娶一節兩家俱宜審已

量力何必彼此誇富爭奇乃往往有因一娶而大傷貲本一嫁而苦費經營及至事後拮据追思所費究竟實在有限浮費居多常見素封之家不獨金珠溢篋幣帛盈箱即綵轎酒筵亦不肯輸人一籌獨不思必欲從厚或佐以貲本或代置粧田何等實用而必爲此浪費哉曾見詩譚一咏婚姻幾見鬬奢華金屋銀屏衆口誇轉眼十年人事變粧奩賤價賣人家深有意味可

想可玩

成敗興衰關乎氣數若創業者起之守成者敗之此亦常情獨怪在自創之旋自敗之者常見浪費之人不知已過自以爲達見謹守者反哂其過爲兒孫計余意深爲不然夫兒孫不承祖業而自立者固多頼根基而繼起者亦不少豈可任意揮霍不留餘蓄不顧後日止圖一時稱心快意釣譽沽名以致老來拮据身後艱難縱使

爲後人者不敢口頭埋怨未免心內咨嗟不如畧留根本或可稍生枝葉余願得意之人于浪費之際回顧兒孫卽不令其饒裕亦使免其饑寒設或妻幼子小更宜檢點

祖宗富貴自詩書中來子孫享富貴則棄詩書矣

祖宗家業自勤儉中來子孫享家業則忘勤儉矣

貧富俱少不得勤儉二字勤非孜孜爲利惟在竭

力經營儉非鄙吝過情只是量入爲出

凡人生而不肯習勤好安逸貪懶惰者家富則入于下流家貧則必爲乞丐凡人生而不肯從儉飲酒無算食肉無度好淫濫習賭博者家富則至于破蕩家貧則必爲盜竊

儉而曰節者以其儉中有節也不儉者一味好勝爭奇全不量入爲出鮮衣美食揮金不顧初則暗地那移喬粧虛體繼則當場出醜稱貸無門

此不知儉豈知有節乎若一味鄙吝事事錙銖剝削一文可取嗤罵自甘家有餘糧身無完布所謂放于利而多怨怨則一旦變生意外人且樂其有事將乘此以舒其宿憤蕩其貲財勢必蕩產破家而後止此知儉而不知有節也宜酌而行之

節儉與鄙吝不同慷慨與奢華不同鄙吝者止知做家而不知做人奢華者止知做人而不知做

家三者皆屬不當。

待人

待巳者當從無過中求有過。非獨進德。亦且免患。待人者當于有過中求無過。非但存厚。亦且解怨。

濟人窮者。勿問其所以窮。恐憎惡之心生。則測隱之心泯矣。慕人善者。勿問其所以善。恐擬議之念起。則效法之念微矣。

人之可憎者未必没一件好處勿併其好處而忽之人之可愛者未必没一件短處勿併其短處而護之

待富貴人不難有禮而難有體待貧賤人不難有恩而難有禮

遇詭詐人變幻百端不可測度吾一以至誠待之彼術自窮

骨肉貧者莫疎他人富者莫厚其一切餽遺須有

常度勿以富而加豐貧者致薄

强人以難行之事吾心何安污人以不美之名吾心何忍

出口侵人要使人受得着意凌人要令人經得

無義之人不得已而與之居外和我色內平吾心庶幾不及于禍

處世讓一步爲高退步即進步張本待人寬一分是福利人實利己根基

自謙則人愈服，自誇則人必疑。我恭可以平人之怒氣，我貪必至起人之爭端。是皆存乎我者也。

爲人在世，固不可多事，然分內親友有義不容辭者，以事重托，理宜委婉力行，若至必不能行，在我之心已盡，而親友自亦見諒。近見一種自了漢，止知自吃飯自穿衣，若人稍有所托，即攢眉蹙額，沉吟推諉，生平未嘗代人挑一擔、解一事，及到有事，未必不求于人，若人人似我，又當何

如
周急恤貧仁者猶病焉敢迂言博濟強人所難獨
是同一施與有因一緩急問在已無傷于惠在
人便得其益者每見有餘之家于歲底時一切
食物無不備具及僕從工食并親友補助必捱
至除夕方肯給送殊不知度歲之需自已既欲
早辦何不推已及人且此日銀縱到手市物闌
殘非貴即缺衣履袍帽從何置辦此中微情隱

苦有不能盡述者。

語云受人之托必當終人之事雖隨處宜然獨托孤爲最大托孤一節良非小可入至臨危時候嬌妻幼子號泣牽衣當肝腸碎裂之際生死離别之時從至親厚友中擇素所欽服者以身後之事托之妻子跪拜于榻前病人垂淚于枕上滿腔心緒無限衷情口欲言而不忍言目欲視而不忍視哽咽許久勉强吩咐此時此際聞者

傷心見者慘目豈比尋常囑托哉每見受托之人未必盡非不當惟患始勤終怠如能讀書者雖延師而不考功課能經營者雖貿易而任其飄游或聽小人誹謗或信婦人挑唆日淡一日年冷一年婚嫁漫無選擇疾病漠不關心鼠牙雀角不爲籌畫饑寒窘迫視若罔聞一切草草了局隨處好好先生總不思當日叮嚀于生前囑望于死後而更有陽襲托孤之名陰行欺孤

之術千方謀奪百計鯨吞此又人世梟禽天地所不容也余願受托者慮始慎終予遺孤子無論讀書貿易首在收束身心禁絕匪類更令分別男女防閑閫閫事事代爲留心時時多方開導至于所存資斧或置近便產業或附殷實經營待其成立付之掌握此最要也總之自問無慚返躬不愧可以對天地可以信存歿矣

我施有恩不求他報他結有怨不與他較這个中

間寬了多少懷抱忍不過時着力再忍受不得時耐心再受這个中間除了多少煩惱

親戚故舊因言語而失歡未必其言語之傷人多是顏色辭氣間不能和平若諫人之失語雖切直而能溫言下氣以道之縱不見聽亦未必怒若平常言語初無傷人之意而詞色亢厲未免爲人所怪恨不可不知

凡作事第一念爲自已思量第二念便須替他人

籌筭若彼此兩利或于已有利于人無損皆可爲之若利于已者十之九損于人者十之一即宜躊躇若人與已利害各半便宜輟手況利全在已害全在人者乎至損已利人尤上上人事願同志共圖之

事係幽隱要思回護他着不得一點攻訐的念頭

人屬寒微要思矜禮他着不得一毫傲睨的氣象

人有毀我者我卽十分有理亦必有个致毀之由我當痛自刻責人有譽我者人卽十分確當到底有些過情之稱我當深自愧悔

制作

造作詩詞歌謠及戲文小説以嘲笑時人譏諷時事此大關陰隲君子所不爲凡有傳聞當緘口勿言若驚爲新奇喜談樂道口中傳誦不止有傷忠厚或且疑爲我作矣

◎

凡作格言莊語。原以勸化人爲善。人雖未因其勸而遂改弦易轍。即化爲善。然善念未必不動。而作者之心血不致空費。若作淫詞艷曲。原以儆戒人爲惡。人乃畧覩其戒。或竟癡心想慕。將效爲惡。縱惡事未必即行。而作者之心血造孽實多。即如翠屏山之潘巧雲。前有入寺行淫。後即有殺身之禍。作者正所以戒奸淫也。人乃思效其淫。而忘殺身之禍。如浣紗記之吳王夫差。前有採蓮行樂後即有亾國之慘作者正以戒極樂也人惟羨慕其樂而畧亾國之慘此非獨看者之過抑亦作者之過也故凡淫詞小說在作者能先慮看者之心則落筆自然不苟在看者能揣作者之旨則淫書亦可論道

訟事

小忿不忍以至興訟訟必有師師利于爭而不利于息一息彼無利矣情可和也而恐之曰彼布

置已定理本長也而疑之曰莫輕易就審佯爲勸止而實以鼓進明爲竭忠而暗以輸敵一處可結必動經數處一倍可了必花費十倍及事敗不可收拾又且歸咎于主人不從其謀不順其手非我尤也總之好訟之人其家必破

勸人息訟者君子激人起訟者小人

人以無訟爲福小忿微嫌可已則已若果情關切膚不得不控者亦當打定主意據實陳情不可

輕信刁人造謊越告目前希圖一准其如後審虛反坐何至于証佐尤其吃緊若非事果干涉素有操守之人不可輕列常有匪類當其未做干証將竭盡肝胆滿口公平一用其名遂改弦易轍聽其播弄或臨審不到或當堂左袒以致眞枉竟不能伸實事翻成疑案獄重初情追悔亦無及矣總之訟非美事終訟必凶昔海陵賢牧書一對聯于門曰得一日閒且耕爾地非十

分屈勿入吾門好訟者宜味之

火燭

水火無情陸處者尚可防水而舟居者難免無火從來水柔火烈爲患大矣偶得火燭一詩云無入房內莫烘衣衣帶常防着火垂卷紙吃烟恐紙灼臨風剪燭慮風吹水缸息炭方爲穩木桶盛灰終不宜臨睡廚房須走遍竈前柴火莫留遺

凡桐油雨傘油紙油簍之類收藏全要留心聞此物堆貯日久竟能內裏生火自灼昔某處一剎因酷日暴油紙以致回祿閣火攻書內有云桐油拌蒲花遇風而灼可見不可不慎又曾見人浚一久不汲水之井入內即斃復以雞犬投之亦斃疑其內有蟾毒即傾水數担于井內再以牲試安然無恙詢其故或云陰氣上騰故能殺人以水投之則陰氣隨水下降此亦理也故凡

浚井者。遇久不汲水之井。不可不先投牲試之。
其水亦不可輕嘗。
囘祿之災。多委之天火。然此雖屬大數。畢竟由人。
事之不謹。常見空僻之地。柴薪堆積。可保無虞。
惟是稠密之處。寸土如金。勢必貯於宅內。而有
餘者不知富不積薪之說。多於柴賤之時貪圖
便易。滿屋盈房。人口叢雜。難禁其吃烟餘燼。隨
處輕拋。照路紙捻。迎風亂棄。無知童婢。藏火烘

床。嬌養兒女。燃燈達夜。再如席闌人散。酒爐火紅。茶鐺湯沸。主人倦怠。僕從貪眠。焉有不失之理。至于小戶人家。柴薪與竈門相連。燈檠掛蘆芭壁上。此更易于起火。天乎人乎。可不謹乎。

飲食

太餓傷脾。太飽傷氣。蓋脾藉于穀。饑則水穀莫運而脾虛。氣轉于脾。飽則脾以食克。而氣塞。故養生之家。先饑而食。所以給脾。食不克。脾所以養

氣

凡人七日不食則餓死矣若七日節飲則食愈進可見食不可巳而飲可巳也以此計之酒當日止倘止不能遽節之可耳

酒可合歡亦堪舒悶冠婚喪祭非酒弗能成禮美景良辰無酒終爲虛度古今以來藉此陶情適興者固多因而亂性亾身者亦復不少至于荷鍤輕生解裘易醉乃前賢一時之豪舉非今人

[illegible]之沉湎每見史產之家米鹽柴炭錙銖籌算獨至于酒忽略不較殊不知一夕之飲便可爲竟日之費今且借爲頂門一針升米煮飯腹小者可食三餐斗米釀酒量大者僅堪一醉如以斯言爲謬古之禁酤節飲抑獨何歟

酒之爲禍不止一端柔弱之人得酒而暴悍靜之人得酒而躁簡默之人得酒而譁事宜密者酒泄之事宜急者酒懈之事宜記者酒忘之有心

病者酒佐之鬭有癡情者酒益之狂甚矣酒之禍烈也

量窄者不必强虐以酒或醉而留卧須令老成人陪伴昔有醉客慣飲插花瓶水因而致斃如醉後欲歸必須遣人送至其家

人生不過寢食二事日不甘食夜不安寢則疾發今富貴之家以酒奪食以色奪寢甚且中酒之後繼之戕賊猶醉未解又復三飲如是之人未

有能中毒者此乃可憐何足羨也
凡覽食物本草及載在書籍之物遇有毒者人皆
知而防之至于有毒而爲人所忽畧者更不可
不知即如菜葉生虫園戶毎以砒末摻葉而虫
絶使遇大雨之後其毒可消食之無恙若未經
雨潤慣買此菜洗之不潔未有不爲害者更如
厨房水缸慣落飯粒日久成黴食之令人生疔
此皆人所不防似微而實甚者若缸内置以貫

衆可免疔毒之患愚意旱天菜蔬宜多洗又宜
少食之爲愈

新增願體集

富春李仲麟建章氏重輯

觀人

人之深者有兩種爲一曰深沉如訥言自守容人恐物內裹分明外邊渾厚不露圭角不逞才華此德之上者也一曰奸深如閉口存心藏機挾詐喜動惡靜形迹詭秘兩目斜抹片語針鋒此惡之尤者也此兩種人雖若相似細察之大相

逕庭近日以深沉君子與奸深並觀豈非以浮
動淺躁者爲善士哉
激之而不怒者非有大量必有深機
遇沉沉不語之士切莫輸心見悻悻自好之徒應
須防口
人有諞我之美使我喜聞而不覺者此小人之奸
黠者也人有揣我之意使我喜其言與巳合者
此尤小人之奸黠者也遇此種人所當急遠

有才而性緩定，是大才；有智而氣和，斯爲大智。

平時强項好直言者，即患難時不肯負人，此謂血性男子；若軟熟者，掉臂而去，或且下石，此之謂無恥小人。

當樂境而不能享者，畢竟是薄福之人；當苦境而反覺甘者，方纔是真修之士。

好便宜者，不可與之交財；多狐疑者，不可與之謀事。

奸人難處迂人亦難[illegible]許[illegible]奸名其行事有
酷似君子處迂人執而不化其決裂有甚于小
人時我當觀其爲何如人而處之之道自得
鷹立如睡虎行如病正是他攫人噬人手段處奸
惡之輩多同此態
觀富貴人當觀其氣概如溫厚和平者則其榮必
久而其後必昌觀貧賤人當觀其度量如寬宏
坦蕩者則其福必臻而其家必裕

凡觀人須先觀其平昔之于親戚也宗族也鄉里鄉黨也即其所重者所忽者平心而細察之則其肺肝如見若至待我而後觀人晚矣

處事

凡人處事只問道理如何隨而應之無往不中若先有所偏主做來畢竟不是

凡遇不得意事試取其更甚者譬之心地自然凉爽矣

事最不可輕忽雖至微至易者皆當以愼重處之及事當將完越要加愼

處難處之事愈宜寬處至急之事愈宜緩處至大之事愈宜平處必争之事愈宜無意

人能自如藏許多拙若一躁急獻多少醜

事前而恐懼則畏畏則可以免禍事後而恐懼則悔悔則可以改過

自信者不疑人人亦信之吳越皆可同胞自疑者

不信人人亦疑之骨肉皆成敵國

人之謗我也與其能辯不如能容人之侮我也與其能防不如能化

見人與人忿爭不休者當勸之曰天下事未有理全在我非理全在人之事但念自己有幾分不是即我之氣平肯說自己一箇不是即人之氣亦平

待有餘而後濟人必無濟人之日待有暇而後讀

書必無讀書之時

爲人謀事必如爲巳謀事而後慮之也審爲巳謀事又必如爲人謀事而後見之也明

處家庭骨肉之變宜從容不宜激烈遇朋友交遊之失宜剴切不宜優悠

無病之身不知其樂也病生始知無病之樂無事之家不知其福也事至始知無事之福

大聰明人小事必朦朧大懵懂人小事必精察蓋

精察乃懵懂之根而朦朧正聰明之竊也

人家一遇不測之事即有匪人假托親厚挿入調停希圖于中取利用之則生波取釁拒之則飲恨挑唆此際全要婉轉謝去一毫得罪不得

用一片眞實肝胆待人事雖未成日後人必諒我之肝胆使一種詐僞心腸處事人即被愚日後人必見我之心腸

才能成功以速爲貴智能決事以審爲奇

馭下

奴僕下人天資多拙作事違背得便偷閑又性易忿囑之以事或不記憶又性多執不肯自認不是輕于抵對不識尊卑爲家長者于使令之際當原情體郎以寬處之即或犯事當懲治亦不可親自鞭打旣已懲治呼喚使令顔色便當如常不可先期發于聲色使之畏而逃不必事後追稱其失使之疑而懼

凡收僕從寧取愚拙勿取峭黠寧覓老成勿覓後少老成愚拙者雖不便捷亦不壞事後少峭黠者不惟壞事亦且費財

主僕之分雖有貴賤念彼父母撫養長成總是一樣一旦勢不得已賣身于我割肉剜心已自難忍我復從而苛虐之豈有仁心者所爲

未使奴僕先問饑寒至于臥宿處所冬時風冽夏日蚊虫必須爲之檢點遇有疾病即當延醫診

視若幽置別室付之度外使痛苦無告倘有不測不惟陰騭有虧亦且開人藉口之端

體貼奴僕載有數條偶見苦婢一詠深爲實情可憫其吟云人家有婢任驅馳不說旁人那得知井上浣衣寒徹骨竈前吹火淚如珠梳頭娘子嫌湯冷上學書生罵飯遲洒掃堂前還未了房中又叫抱孩兒

人有尊卑情無上下每見富家大室使用婢女有

年及三十四十而未配者甚有髮白齒落而未適人者是天地間陰陽二道竟屬徒然夫婦一倫遂成虛設此皆主人喜用無夫之婢便于出入房幃恐一經配合即分事主之勤以爲愛夫之好是以日復一日年復一年遂不覺老之將至及其老也欲行婚配又無樂愛之人此所以子處一生永絶于歸之樂也試問呼奴使婢之家親生兒女過期不婚未有不爲擇配而望其

生育者旦如自家妻妾樂我琴瑟之歡使用婢
女恐彼向隅之泣何不加體貼若是耶
常見人家婢女自幼服役勤勞及至長成若稍有
姿色定復收入房幃始用其力繼用其身彼之
報効于我者亦云苦矣往往又厭常喜新罔念
平昔之功或復轉賣他人不問彼家寬嚴惟圖
身價厚重在買者既出厚資决非配偶必是仍
留使用一身苦樂恐聽于人婢雖有身而不能

自由有口而無可訴説是婢之服役于人者與牛馬相同而人之報施于婢者殆牛馬之弗若也葢牛馬人用其力或憐其老而放生之或憫其死而埋瘞之食肉有戒屠戮有禁猶足動人憐憫獨是奴婢之苦竟無過而問焉鬱鬱此心誰爲憐惜反而思之譬如我曾有恩于人未必不望人之報我曾有德于世未必不望天之知人之貴賤雖殊而報施之道則一也

士君子之待小人女子不可無信其子婿配一節尤宜慎之每見人家婢僕伏侍勤勞主人即以某婢許配某僕家長一言出口婢僕百諾于心男女雖未配合彼此難免留情乃或因家庭事冗遷延歲月婢僕有過遲緩因循無識小人見爲期無定未免埋怨偷安或私相遇合主人聞之反生嗔怒甚而改悔前言男女失望遂萌異念防範愈嚴伎倆愈詭或偷盜逃拐或别有他

說必變幻旋生願爲人上者務宜酌量于前庶
無改悔于後
主之馭僕固有家法然用法之道不可不明家法
處分以薄責而治輕罪至于所犯罪重即鳴之
官府以國法治其應得之罪庶幾確當近有少
年子弟驕慾婦女不諳世故無論輕重不分男
女輒用國法施之家庭僕婢因而致命遂起禍
端愚思主權僕患釁由一時忿怒不能把持用

法過當之故耳。特于責罰中撮其要者列于後。使覽者知所警而慎之。

老不打。幼不打。病不打。衣食不繼不打。人已打過不打。婦人非犯重務不打。婦人胎前產後即犯重務不打。人急勿就打。人忿勿就打。人醉勿就打。人隨遠行勿就打。人跑來喘息未定勿就打。我怒且緩打。我醉且緩打。我病且緩打。我不見眞確且緩打。我不能處分且緩打。朔望忌誕不可打。佳辰令節不可打。嚴寒酷暑不可打。人方傷心不可打。禁亂打。禁重杖打。禁從下腿灣打。禁昨日打過今日又打。

奢人持齋不如察下人之暴殄。婢婦禮拜不如減奴婢之鞭箠。

凡奴僕得罪于主人可恕也。得罪于親友不可恕也。此輩豈知道義。須預教而預戢之。

凡奴婢以虐受來怨者。直笑曰我不曾眼見有篤言毀罵主翁者。直笑曰我不曾耳聞。則下人無所售其欺而我亦不爲彼激怒矣。

錢財

交財一事最難。雖係至親好友。亦須明白。寧可後來相讓。不可起初含糊。俗語有云。先明後不爭。眞至言也。

若或有人負欠。非本心不願還者。不必凌虐太甚。

言語說盡身分做盡當看兒孫而上稍稍寬容遇衆擎易舉之事亟宜贊助不可從中一板打住使人無一線生路所云贊人陷人皆是口推人扶人皆是手但恐做盡說盡天道好還將來思人一贊一扶不可得也

出息稱貸當借之時不過一時暫用且有他件抵當誰知意中之物成虛紙上之銀日迫當早爲割愛變產以償之若惜產沽名借債還債是利

上加利負累既久出息愈多前之田産器物惜不忍棄者至此棄之亦不足矣

世人止知用色銀討便宜不知用色銀必遭詛咒也賣菜挑脚小本營生一人出門全家待食究竟到晚多者所賺不過三四分少者二三分若再是色銀買米買柴聽其折色腹能飽乎寒能禦乎今見有餘之家每十兩必摻色銀一二兩名爲搭頭或有勸之者則曰我未嘗施之于小

人也。試問此銀納糧不得。贖當不可。輾轉貿易。終歸肩挑負担貧人。豈不可憫乎。謂即有不必用紋銀之處。當照色折筭。無不樂從也。

錢財爲人養命之源。不可不惜。然亦不可苛剋。我能寬一分。則人受一分之惠。如小本生理及挑負奔馳者。惟仗工夫氣力。爲養家活口之計。尤當倍加優䘏。蓋因此種人取之甚難。在我釐毫之寬。所去有限。在彼分文之得。其喜無窮。吾人靠天喫飯天又何處不可補償于我而用刻薄于人哉每見刻薄之人取之盡錙銖剝削半生害生一旦反至傾家蕩產算到此種地步平生剋取者幾何而今之所費者又幾何其利害得失爲何如也

人情

處富貴之境要知貧賤的痛癢當少壯之日須念衰老的辛酸居安樂之場當體患難人景況處

旁觀之地宜知局內人苦心

子怨父貧兄攘弟富妻妾覩豐歉為悲歡奴僕覩盛衰為勤怠人情冷煖不在門外

人在病中百念灰冷雖有富貴欲享不能反羨貧賤而健者人能于無事時常作病時想一切營謀之心自然掃去

子弟僮僕有與人相爭者只可自行戒飭不可加怒別人至若他人僮僕遇我不恭如坐不起驕

不下。稱謂無禮彼與我原無主僕之分不足較也。

凡事留不盡之意則機圓。凡物留不盡之意則用裕。凡情留不盡之意則味深。凡言留不盡之意則致遠。凡興留不盡之意則趣多。凡才留不盡之意則神滿。

能於熱地思冷。則一世不受淒涼。能于淡處求濃。則終身不落枯槁。

事有急之不白者寬之或自明毋躁急以速其忿
人有諫之不從者順之或自化毋操切以益其
頑
親友婚喪之事有窘乏者能隨力相助方可代籌
豐儉若于事毫無所補而徒用關切虛言似可
不必
已情不可縱當用遜法制之其道在一忍字人情
不可拂當用順法調之其道在一恕字

按僱僕從全要自己咨詢其踪跡若聽媒入撮合之言忽畧成事將來走失尚屬小事若來歷不明勢必貽累雖有媒保一面承當之説到得此時果能承當乎甚有匪類汝爲我保我爲汝保連環作局一力擔承及至事難歸結漸漸卸肩且以媒不擔担保不賠錢爲詞不可不愼始慮終也

娼妓最苦見之者當生憐憫心常因膈船失起坐

隔席未逢迎。遂至逞英雄。誇手段。打罵呈告。獨不思人至娼妓。卑賤極矣。我即處之盡情。亦不過得志于若輩耳。何足為榮耶。然亦不近人情矣。

人心不同。有如其面。心異則情自異。然而趨時避害。附婚迎聘之情。則一也。人能揆情度理。慎始慮終。叅透人情。方免後患。固不可概以小人之心度人。亦不可竟以君子之心託人。須知凡事

有常必有變必先慮其變而後不失其常凡人有成亦有敗必先防其敗而後得其成達者能知之而不至于僨蹷

保養

養生之道當先寡慾世以寡慾爲難者皆愚癡之見也試于無人之地獨行獨臥日則以書史爲玩夜則以寧靜存心眼前旣無亂境胸中亦無妄念如此半年三月待其精氣內固則慾念自

消矣。語云。精全者。不思慾。眞名言也

獨宿之妙。不但老年。少壯時。亦當如此。日間紛擾。心神散亂。全在夜間[illegible]眐。以復元氣。若日內心猿意馬。奔走馳驅。及至醉飽。又恣情縱慾。不自愛惜。如泥水一碗。何時得清。

服金石酷烈之藥。必至殞命。即坐功服氣。徃徃致痰損目。人能清心寡慾。無暴怒。無過思。自然血氣和平。却疾多壽。譬如爐火置風中則易熾易

臧置靜室則難燼難消此是必然之理

常慮染病則愼疾常親小勞則身健過壯者一病必危過懶者久閒必倦

人之斲喪非止色慾即如耳聽目視勞神費力憂愁思慮言語過多皆爲斲喪之基

人之所以生者惟精氣神人能寡慾以養精寡思以養神寡言以養氣再節飲食以和脾胃避風寒以却感冒常勞動以堅筋骨即可延年矣

嫖賭

青樓翠館之游。不但有關行止。此中不潔者十人而九。一染其毒。發病生瘡。人人憎厭。不與同坐共食。大則喪生。小則毀傷面目。即幸而無事。遺毒生育。害及妻子。可不慎乎。

人有一好。即有一累。而賭爲甚。一入其塲。衆心歡悅。幇客之逢迎。紅裙之諂媚。按摩之小功。孌童之會意。左右前後。無非吸汝之髓。呼汝之膏者無論汝之伎倆不能出人範圍即偶獲一勝不過將取姑與之計漏盡方休日出又集所得必不多自然花費若水所失必不少屹然鐵案如山其始也人求汝惟恐汝之不往其繼也汝尋人而人竟不可得見急早回頭尚留一半若圖恢復勢必全輸以至一敗塗地爲父母憂爲妻子怨爲朋友所不齒爲賭家所不收至于寒素之子尤宜切戒古云一擲千金渾是膽惟其有

也今以空拳而冒白刃未臨敵先已氣怯其愚甚矣請試思之

交游之中有交友詩友酒友道友碁友琴友近日則添賭友夫賭之法曰馬弔曰由吾二者不知創自何時昔日以會者爲罕見近日以不會者爲俗人總之無人不學無處不然至戚好友相聚一堂自曉及暮自夜達曙廢寢忘飡不冠不櫛遇客無禮問事不應因之而失業者有之破

產者有之缺父母之養愆功名之期妻兒啼號而不顧錢糧掛欠而不完秦晉翻爲吳越强壯化爲尪羸若謂以之陶情何如詩酒以之適興何如琴書以之求名非禮樂文章之譽以之謀利豈商賈貿易之策不知何所取義而酷好之耶若再增廣其譜敷衍其說更屬不可

好賭而思一擲全輸則賭念自息好嫖而想受毒若楚則嫖念自消

錢財係祖父辛勤拮据無不寶之爲養身之策溺
於賭者蕩産傾家而不顧饑寒困苦而自甘同
檯共賭不分貴賤賢愚不别尊卑上下偶得一
勝則吐氣揚眉既已一輸即面紅耳熱甚至竊
衣飾貲囊以償宿帳更或借開場撮頭以補輸
錢卜晝卜夜無内無外是奸盜邪淫鮮廉寡耻
未有不由于呼盧一道者也若溺于嫖者惟圖
目下歡娱不念費財受毒一入迷魂之陣鮮不

蕩費無遺害病受累可不慎與

事業

創業守成二者皆非易事予謂守成更難於創業何也蓋創業無先人法程能創不能創無關榮辱而守成已有先人規模稍不矜持則爲人竊笑然亦不能個個求勝于前人若能如得舊樣子飽煖不失禮義不遠授受相承即是繼述之子孫矣

人自十歲以至七十俱各有業無能免勞者唯十歲以前則猶少七十以後則已老苟非二者未有不勞惟智者能擇術勞智而不勞力若不勞智又不勞力斯餓莩也

金帛多只是博得垂死時子孫眼淚少不知其他知有爭而已金帛少只是博得垂死時子孫眼淚多亦不知有他知有哀而已

人生不論貴賤一日有一日合作之事若飽食煖

衣無所事事那得有好結果

一年之計在于春一日之計在于寅一家之計在于和一生之計在于勤

諺云朱門生餓殍白屋出公卿雖或未必盡然益貧而富富而貧猶如暑往寒來之理常見輕薄之流因門族中曾有讀書僥倖者或有貿易致富者開口便鄙笑他爲暴發戶何許人獨不思自己祖父門族亦從暴發戶何許人而來使天

下無暴發戸何許人則舉世之貧賤富貴永無轉變矣豈一歲之春夏秋冬能不遞更乎勿見富貴後裔自暴自棄不肯讀書不肯經營反不如暴發子弟讀書則憤志貿易則誠實孝友和順勤儉雍睦轉覺妥貼可觀總之將相無種人當自强若徒仗先人餘蔭虚華架勢大言不慚不惟衰禍所伏且爲識者所哂

世間事業都從困苦中創出來而創者須計守者

之難人家局面都從謹愼內守過去而守者當
念創者之苦
喫一日飯便算計做出一日飯錢來不可虛費了
一日則自不惰不蕩而家給擧一件業須思量
過得一生活計去不可蹉跎了一生則自克勤
克儉而人足
經營
百錢三處放之說此語雖係俗談亦屬至論葢不

獨錢財一端爲然。即如人生三子。若盡貿易。則書香何繼。若盡讀書。將資生何賴。此中擇聰明者讀書。善籌算者經營。豈非三處放之遺意乎。至于一切生財置產。皆當以此語爲法。如生財也。若以蠹資置一物。或意外之變生。或時價之不一。其間盈虛之理。焉能未卜先知。即或偶中。不過一時僥倖。倘有失足。則孤注一擲。豈不險哉。

今之經營作客者奔馳異地方其貿易未遂事不稱心既不得歸及至利遂亨豫難于歇手又不肯歸勢必未娶者在外求婚已娶者多思納妾假紅倚翠沉湎客裏浮華裙布荆釵反覺家中寒樸以此蹉跎荏苒年復一年歸計徒淹歸期難卜甚有雙親在堂者菽水有缺恨無縮地之能疾病疎虞又抱終天之恨談及者以爲恨事當局者豈不酸心孝子愛日達士齊家觀此亦

宜慷慨。

母錢少而治生。當從子錢多者。相時以貿易。其用方敷。母錢多而托本。寧從子錢少者。擇人以經營。其利方穩。

人之經營財利。倍收厚息者。必其命運偶通。鬼神陰祐。故致此。世有見人獲息之多。致富之速。即欲以人事昧奪天理。如販米而加以水。賣鹽而雜以灰。賣漆而和以油。賣藥而易以他物。如此等類目下或得贏餘而不知造物者隨節以他事取之終于貧乏之況又因假壞眞用以虧本者往往而是大抵轉販經營須是先存心地凡物貨必眞帶存敬愼又不敢貪求厚利順天理行之雖目下所得不多異日必無他患

錢糧

凡有家產必有稅賦須是先留輸納之資卻將贏餘分給日用歲收或薄只可省用若一侵支輸

納之資臨時爲官吏所廹勢必借債認息或托攬兑納而高價算還皆耗家之道也

戒殺

祭祀燕享非牲牢無以致敬事親養老非食肉不爲甘旨以及冠婚喪祭之事禮之所在宰殺不可盡廢也若夫窮口腹之欲爲殘忍之行或一餐而殺數命或一羹而害百生則不仁甚矣試思八珍羅列無過一飽恣意宰殺于心何忍

上帝好生。爲善莫如戒殺。然近時有等戒殺之家。僕從每買活魚。則曰戒殺。魚或稍宿。又曰不鮮。知其意者。卽殺而進之。又每遇秋日。則向親友云。外面連日絕好肥蟹。惜乎舍下戒殺。親友知其諷。已遂熟而餽之。若此者。自已不殺。使他人代殺。意欲善歸于已。而罪歸于人。其心更不可問。

清明拜掃之時。正百蟲振動之候。往往就地焚化

◎

紙錢土內蟲蟻盡遭炮烙甚有延及他處則傷生無算當令墳丁備一瓦盆不獨保全生命在彼且有課灰之利

報施

墻箭射人者人不能防借刀殺人者已不費力自謂巧矣而造物尤巧焉我善暗箭造物還之以明中之箭而更不能防我善借刀造物還之以自已之刀而更不費力然則巧于射人殺人者

實巧于自射自殺耳

傲慢之人驟得通顯天將重刑之也疎放之人艱于進取天將曲赦之也

歲逢水旱流離滿道仁人君子諒皆垂慈然非虛爲歎息已也或曰俟其有而施之何時是有何不分一二口食一二文錢亦可救饑度命若曰善門難開恐其不繼即寄持錢米于流民往來要地隨緣給之老幼殘疾者加之不居名不露

相救得一人是一人施得一日是一日囊項則止何慮其不繼哉更有最窮苦者久富初貧先貴後賤礙先人之體面存自己之規模甘受凍餒羞向人言或枵腹出戶而勉稱飽腹或囊如懸罄而强支應酬終日愁煩窮年抑鬱仁人君子遇有此等宜隨意餽送作法周恤今人建寺燒香自謂功德妄思福報殊不知寺不建佛未必露處香不燒佛未必饑餓若移此以濟人福

報當百倍矣

人謂善惡報應甚遲不知其理甚速也。即如待人以禮貌人亦以禮貌答之。詈人以惡言人即以惡言反之。此豈非報應甚速者乎。暗裏算人若算的是自家兒孫空中造謗者謗的是本身罪惡

施而必有報者天理之自然。仁人述之以化俗。施而不望報者聖賢之盛德。君子存之以濟世

惜字

字乃天地間之至寶成人功名佐人事業開人識見爲人憑據不思而得不言而喻能令古今人隔千萬年覿面共語能使天下人遠千萬里携手談心傳古聖欲傳之心法記今人難記之瑣事無徃而不賴乎字若無福之人竭力求之旋得旋失有福之人藏之胷臆盜賊莫能劫之使去豈非寶之至者乎以天地之至寶而糊墻畧

物。拭穢燃燈。不幾大損福分乎。今一字不識之人。見片紙隻字于道旁。必舉而投之于壁隙以待惜字者取而焚之。隨祝之曰。願我來生識字。其敬吾儒之字也如此。吾儒反自輕之。豈不可怪可歎。願同志君子。凡遇斷簡殘編。卽貯丙庫以貽後裔。以資來世。更有磁器上詩句圖章。及其損壞沉溺坑厠者甚多。倘見者卽取而擣之爲粉。付之水火。亦惜字之推廣也。若夫欺心昧

心誣人害人之字下筆即有果報或名利暗減
刑禍潛生或書香絕脉子孫聾瞶又豈可不大
加慎惜也哉

孔子爲文章之祖帝王之師凡有血氣莫不尊親
歷代欽崇于今爲烈後生小子正望詩書進步
旣忝斯文當知恭敬豈今訓蒙習字每書上大
人邱乙巳初學聖人之道先犯聖人之諱斥言
不敬于心安乎

人知惜字于既有字之後不知惜字于未有字之先常見人家子弟遇有筆硯之處任意塗抹不加收拾勢必散落塵埃委擲溝厠余每極言苦勸終莫可化誨也爲子弟者宜切戒之

勸惜字紙載諸簡編者累累矣但路途字紙有作福者使人檢拾不過在于通衢人道若入宅内焉能入室尋覓因思婦女罔知惜字或任其委擲溝厠汙穢之處甚爲可惜莫若令檢拾字紙

之人籠上寫收買廢壞字紙一帖使愚夫愚婦知字紙可以賣錢必加護惜是則所費無多所收甚普矣

防患

酒不顧身色不顧病財不顧親氣不顧命當其未值執不明知亦能勸人亦能自辦及身親其境仍復昏迷當此一着尚思防閑

安而怠危必多僨事此所謂死于安樂安而防危

必多成事此所謂生于憂患故無忌憚者即爲小人能戒懼者方稱君子

人之一生雖云命定然使命該顯達者自謂必得功名詩書似可不讀也命該富饒者自謂坐致豐亨經營自可不謀也且一生無禍者竟放心行險可恃以無恐也終身少病者即恣意荒淫可保以無虞也不知命由心立福自已求日行善事命雖凶而轉吉日行惡事命雖吉而反凶

愼勿拘拘于命數而不防患修爲也

輕生

律例之中有服毒投河自刎自經者槩不抵償定律者蓋有深意焉使民知輕生無益卽有憤恨另思報復正所以保民命也常見有女之家適人巳久中道喪亾父母兄弟卽往角口使平日或夫漁嫖色琴瑟不調或姑憎奩輕家庭有隙因氣飮恨以勞致疾爲父母者懷忿巳久法無

可治惟藉此打罵稍舒宿忿于情猶不爲過乃有富室之女在家嬌養成性過門并日不親公姑知其習慣亦加愛惜又且妯娌相好夫婦相投一旦或疾或產不幸而夭夫家舉室哀痛方悲玉碎珠沉女之父母不加感傷反行爭打炒鬧甚至席捲衣飾毀傷什物挈回婢僕勒索衫枋更有駕命圖賴欲行搆訟親友從中勸解宗族合計處分託詞痛女實圖肥槖使果人死親

疎永絶情好尚不忍享亾女斷腸之物婿家剥膚之財况有遺雛在抱呱呱無依獨不思女婿可不親外甥乃骨月日後往來何以相對且亾魂有知能安心于泉下乎此皆地方惡俗必非詩書禮樂之家所爲古人賣犬嫁女荆釵聘婦婚姻以道義爲重視財帛爲輕後世論財賢者耻之何况死別乖張恩仇浪結願見道君子遇此陋習頹風極力挽之亦扶持世道人心之一

端也。

服毒、飲滷、投河、自縊、律不塡抵者。葢緣定律之法。全在誅心。所以造意殺人主謀者雖不當塲亦斬。過失不宥。若鬬毆殺人。雖手刃立斃止擬以絞。有赦卽釋者。以其初無殺人之心也。至于輕生自盡。皆出于自巳短見。他人初無欲殺之心。卽威逼致死。止擬杖一百。斷埋葬銀十兩而巳。且必有威逼實跡。至無可生之路。方合此律。如其不然卽不便擬杖矣世人不知律例希圖一死可以致人抵償輙思自盡殊不知律不准塡空向泉臺割斷夫妻兒女之情在彼仇家依然安全無恙是欲洩憤而反爲仇家拔去眼中釘大失算矣至于婦女自盡卽告之于官府若以不孝公姑爲辭卽死勿論尤爲可惜

占風

天下最猛者莫如水火然而非風不能助其勢但

熱極生風。乃氣候使然。猶可防備。常有瞬息之間暴風猝至。舟楫吉凶在于反掌。甚爲可慮。于是留心考問。遂得風暴日期。或前或後三日之內大小必應。今梓以公世。使江湖仕客知所趨避。以保其身。

正月初九廿九　二月初七十七廿一廿九　三月初三初七十五廿三廿八　四月初一初八廿三廿五　五月初五十三廿一　六月十二廿四此二日暴最烈　七月初八　八月十四廿一　九月初九廿七　十月初五二十　十一月十四廿九　十二月廿四　每月箕壁翼軫四

宿多主有風其風暴多起于午後渡江涉水者
宜早爲妙

敬神

凡慢神褻天踐踏字紙五穀之人必有禍非果天
神怒而加之禍也彼于天神聖賢且不敬則無
處不放恣可知故有得禍之理
對北滲溺尙稱罪過觸犯神聖必有愆尤每遇暑
月炎天常見入廟乘凉之人或裸體神前横眠

仰臥或脫膊殿內飲酒高歌甚至恣談穢謔賭博喧嘩挈女携兒糞溺無忌獨不思平日之燒香禮拜者何心今日之作踐褻視者何意若以僧道爲可欺神聖豈無鑒察

附戒酒筵戲演關帝引

忠孝有傳褻瀆是戒况侑觴原屬陶情何演戲不思顧義如今日酒筵妥演關聖之戲者惟帝正氣既已賛成遐方更多欽仰豈必徙牒相傳丕

著聲名而赫奕試驗今時崇祀聿昭廟貌以輝煌未知何物傖父傳奇浸綴聲容于剞劂遂令從來俗子宴會箕倨玩賞于俳優觀者竟以逢場何妨遊戲演者猥爲當局愈入迷離令亘古英雄作當筵優孟于理不順于心不安伏願賢主移奉客之誠心以奉忠義詎使殫歡投轄並祈嘉客推敬主之雅志以敬神明安可取媚稱觴肅此遍告共凜同心

祭祀

各處風俗不同敬神則無二理每見人將紙印神像供于道傍一經風雨則很籍溝厠不惟汚穢神像抑且聖賢字跡沿路踐踏大爲不敬明理惜字者能逢人解勸未必無補于德

清明祭掃歲一舉行此乃蒸嘗之遺意也近見人家子孫于祖宗墳墓或輪流派值或糾分合行或一家有故彼此推諉或畏遠憚勞時日愆期

不孝莫大焉至于本身父母無可推托者不過草草一盒了事且邀朋携友藉此遊玩踏青不敬甚矣

祭祀之要有三宜專宜潔宜時專者何祭器是也當作一櫥置祠堂內諸凡攢盒匭筯合用若于悉貯其中臨祭取洗濯之用畢仍濯而藏之不得移借他用潔者何祭品是也或用三牲或用熟味各隨所宜並應豐潔與宴相似不然是褻

先不及客也時者何蓋取古人薦其時食之義如清明則加角黍端陽則加菖蒲雄黃之類事死如生孝子慈孫理當留意

喪葬

人子事親惟送死可以當大事雖有稱家之說不可太泥古人云得爲而不爲與不得爲而爲均爲不孝然不得爲而爲之其失也厚得爲而不肯爲其失也薄爲人子者寧處于厚毋處于薄

君子有終身之喪忌日是也君子有百年之養丘墓是也

人子送親最緊要者莫如棺木倘不如法一錯弗能再補板以婺源紫桱木爲上削去四旁木質結練不妨兩栟三栟造作必尋善做老手兩牆不宜太灣恐不能載土日久陷坍其糊縫搪裏封口全要眞正生漆則性黏易乾方能堅久棺外亦宜多加生漆爲妙釘宜蕪木爲上熟銅熟

鐵次之。入殮之時須緩哀動之情。必要親自鋪
墊。手足要安舒勿得拘曲。衣履要周正。勿令捲
摺。四圍多用石灰紙包。摁塞緊密。勿得虛鬆。久
而肉化灰鎔。相成一塊。枕宜低平。兩耳襯貼宜
緊實。庶幾不致搖動。若在旅邸治衾欲從水陸
扶襯者。絞布綵綿。必不可少。衣宜多布少紬。羢
踢最生虫蟻。切不可用。掛線葢棺。全要中正。否
則將來山向朝對不眞。至于舉棺。之時脚夫繫

繩扛抬并一路轉灣歇肩歪要人子緊貼棺旁照骨勿令震動無論深葬浮厝皆要擇地擇地須先擇師明師自有妙用總之陰地者心地也常有既得吉地後因陰隲有虧以至立穴差訛或下葬日時不當入土分金不真趨向反就凶捨吉又或分金亦真偶因風雨人子一拜而返聽土工掩蓋周圍填塞不實亂用鍬鋤揞搗歪側亦莫能知受殃自是立驗若欲避樹根虫蟻

之患者。無如三合土爲妙。用石灰六分。黄土二分炭屑二分。俱細篩如麪。將糯米磨碎。毎鍋入一升煮粥。再加醲酒。和三合土。務令築實。久而結成一塊。其堅如石。棺之坐向兼年庚姓氏。內宜墓誌。外宜勒石。使日後子孫便于查考。至墳墓界址。宜將圖形弓步勒于碑背。以免墳丁侵削盗賣之患

世有分金葬親一說。父母先見背者。覓地葬之。及

後見背者不合葬而又覔地另葬詢其故則云若前地果好恐開之洩氣若前地不佳豈堪再惧此言似乎近理未免有貪圖風水之餙説夫人子事死如事生父母在日稍有參商尚曲意勸觧使歸和好何可身後令其迢遞遠離如果前地不佳或移先以就後如前地既佳離祔尺許開穴旋葬即掩亦未必洩氣之速也但先葬親者三合土不宜輕用一則恐日後合葬難于

開封。二者恐地不佳。難于起掘

毎見墳墓樹植。賢者保之。不肖者伐之。關係甚危。

而立心各異。獨不思塚內何人。而乃戕賊耶。今

占二絕奉勸。

蒲山松栢久成陰。魂魄依栖愛茂林孝子慈孫

當世守。年年瞻拜一凴臨。　可嘆兒孫意在錢。

傷心古木巳參天。斧斤伐盡無餘樹。空使啼鴉

繞墓田。

講究風水今日愈甚在地廣空僻之處穴猶易覓至地狹輳集之所穴甚難尋貪圖風水者每向葬中尋葬穴邊插穴掘人丘隴營人佳城恐非仁人君子之用心也前賢有云世人盡知穴在山豈知穴在方寸間好山好水世不欠苟非其人尋不見

梓潼帝君蕉窗十則

未見不可思當見不可亂既見不可憶于處子寡

婦尤宜慎之。
勿藏險心。勿動妄想。勿記仇不釋。勿見利而起謀。
見才而起嫉。
勿談閨閫。勿訐陰私。勿揚人短。勿設雌黃。勿造歌
謠。勿毁聖賢。于尊親死亾尤宜慎。
勿早睡遲起。勿舍已耘人。勿身在心馳。勿學爲無
益。勿見異思遷。
勿以書文褁物糊牆、燒茶、拭桌。勿塗抹好書濫寫

門壁于途穢中尤宜慎
父子主恩喻之以義君臣主敬引之以道兄弟相愛勉之以正朋友相信勸之有成夫婦相和敬而有别
玩古訓以懲心多静坐以收心寡酒色以清心去私欲以養心悟至理以明心
敏事慎言志高身下胆大心小棄邪從正思君子之九思畏聖人之三畏尤當不恤人言

終始不怠內外如一貴賤不二死生不異尤當功過相規親近上士
遇高人說性理遇常人說因果多刻善書多識善行尤當化邪歸正以衛吾道
帝君十則乃人生所最切者不廢工夫不藉財力可以修身省行敬爲刋佈以照身心凡我同人幸爲留意

卷三

新增願體集

富春李仲麟建章氏重輯

戒淫邪

處女

婦人所重惟在貞節此與子孝臣忠並垂天壤者也而一生貞節自處女始不可有一毫汚玷人若汚玷是以片刻之淫損壞終身之節後來婚嫁便非完體使其父母兄弟惜傷體面夫家三

代現敗門風縱使臨婚瞞過隱微常覺羞慚即能日後操家大節依然虧損淫惡多端此爲最重凡有良心首宜痛戒

寡婦

人命無常當拋妻而死之時必有無數可嘆無數涕泣總欲其爲我守節不墮門風所以守節之婦上天最重必使子孫昌大以報答之國家必建坊立石以表揚之蓋苦節坡雖蓋棺始定若

貪其姿色利其貨物誘而淫之使死生契濶之誼敗于俄頃霜貞氷潔之操憒于片時不獨生者含羞陽世死者亦痛恨于九泉返觀設想能不寒心至于孤寡無依更能委曲成就使之得全名節其德愈厚非但不淫之報而已也

嫁女

人家女子誰不願他長成美好嫁配得所祇為饑寒窮苦萬不得已將女賣入娼心痛切骨之

事為主人者當如已女看待俟其長大即便配偶若以盆裹食階前草隨身近便恣意淫慾或彊逼于情竇未開之先或愛虐于主母捶楚之下且又久遭閫閉不使適人此亦重于尋常淫惡當與處女寡婦並為首戒

僕婦

家人為義男妻為義婦分雖主僕恩同父子所以義僕報主古多奇跡由主人有恩義以感之也

乃今好色之徒欲用家人先觀妻色既入淫局必至成姦且有母女盡遭污辱姑媳並無完節者雖或暫時隱忍究竟銜恨終身試思我既不以正道待人安望彼以良心報我我既自壞家法彼必引水入牆種種家變由此生種種醜行由兹起矣

乳嫗

富貴之家生育子女必僱乳嫗又必取少艾者僱

之冀其多乳以哺養也彼盜搶其子女鞠我嬰孩豈可因我嬰孩辱其大節況嫗住我家夫守空舍彼其意中難保妻不失節又以窮苦之故强爲隱忍究之永夜凄凉未常不自羞自恨也奉勸世人切勿相犯厚其賞賚間或遣歸使之夫妻常聚得保令名陰騭莫大子女必昌

一切人妻女

世間不正之事勾引起于男人天下豈有無女之

境彼姦邪之徒或瓜葛有誼不禁往來或左右比鄰偶然聞見總當以禮相待不可毫忽動心若因貌言相接頓起淫思遂爾設計施謀惡端百出必至喪身俄頃辱及家門縱或陽報稍遲必然陰譴立至尙其互爲警戒庶幾各保妻孥

娼妓

娼妓爲淫賤之流此輩何言名節豈知君子修身如同執玉彼雖無損我則行虧且狐媚動人小

則耗費家財大則喪壽致病眞陷火深坑决不可近

愼正色

妻

夫妻之道大倫所係上敬翁姑下成家業原非專爲淫慾而設若不加樽節儘足喪命豈待兼營外好始至傷生也夫夫婦偕老豈非至樂與其不恤身命致死青年何如保此微軀永偕白首

與其身死之後妻室冷守空房孰若未死之前情事聊為稀少向其慎之于早無致後悔莫及也

妾

古之四十無子然後娶妾止為嗣續計耳若既正室生子則娶便不當娶替得新忘故不獨有負糟糠而少婦老夫亦且難言伉儷每見富貴之家廣蓄姬妾恣意宣淫一不當意旋即擯棄視

女子之終身有同兒戲作禽獸之醜行自謂風流豈知色未衰而愛已弛閨怨最堪憐憫年方少而情方熾苟行不及防閑伺其痛鑒勿恣荒淫

隨時戒淫

少年

凡人功名事業壽夭窮通皆自少年始少年讀書終身記憶少年成得家終身享用少年做了

病終身不瘥少年損了德終身莫補故凡遊蕩
賭博皆宜深戒而戒淫尤爲第一義也葢少年
血氣未定利害不明苟見可淫便思汚辱不思
天生配偶原有本分夫妻今乃先好邪淫必至
有乖倫理精神丧于外驚何能宜室宜家紀筭
臧于陰司曷以多福多壽凡此敗行眞足傷心
願少年自愛也

中年

人至中年正豎起精神成名立業之時況血氣將衰尤宜預爲保養若躭于淫慾則精神愈耗疾病日增豈知歲月易邁衰頽即在眼前兒女長成觀法先須在我何不早爲打破及時珍重乎

老年

少年夫妻花柳相對若至衰老則種種不堪之狀有不可對人言者乃鬚眉皓白自恃身强兒孫滿前尚思媵妾究竟有名無實徒以誤彼青春

即使有所生育難冀長成況乎少婦無依能無眷戀此身死後或將別抱琵琶凡彼高年尚其深戒

隨人戒淫

仕宦

士大夫立身行道當以社稷民生爲己任況天工人代非清心寡欲不能以真精神爲大經濟乃今仕宦惟知淫慾罔討聲名方其初遇不過偶

用偏房若至顯榮遂爾藉前姿色爭妍妒寵竭蹷周旋五更待漏雞鳴尚緩趨朝案牘如山日高未親公務凡其經國理民之頃悉是調情插趣之餘若此神疲意倦之容安有強固精明之治是尚不能保身以保爵何由壽國而壽民王章雖具不及閫門敬陳斯語用肅官箴

富厚

古云民勞則思思則善心生逸則忘善忘善則惡

心生此貴易交富易妻之語有由來也殊不知人家基業守之最難敗之極易沉湎酒色致敗尤速必致夫妻失好釁端肇自家庭嫡庶分爭禍患潛生骨肉因而破家蕩產亦即產盡身亾覩茲淫禍可不戒諸

讀書

人要讀書全賴精神若志氣昏惰力量委靡平居既少精鋭之力臨場安有驚奇之句主司即或

公明此輩難圖僥倖曷思寒窻燈火勤苦何爲

養氣讀書工夫安在乃以耽于色慾遂爾自悞

功名所當深戒無自受迷

農工

君子勞心小人勞力惟恣色慾關係匪輕或足胼

手胝朝夕辛勤或背負肩挑風霜勞苦設有過

于淫慾因而傷感成災兇當貧苦家風何自更

舜酖毒各宜致愼勝用良醫

商旅

或持本生息營謀異地或祈求名利來往他鄉苟不老成必至全遭折挫若親邪色定然受彼誑欺況乎離鄉背井將如疾病相侵兼且冒雪衝風安得清閒調治務期謹守勿事邪淫

正本

正心術

人之干犯淫惡皆由心地不正故欲除淫惡先去

邪心使舉心動念時對神明動容周旋悉遵禮法凡世間汚穢齷齪之事不以入其光明正大之胸持身以正實能不媿刑于治家以嚴貞正無慚法度縱使暗室獨處不動淫思即或夢寐神魂亦無邪見要在靈光常現不使偶受遮迷然後志氣清明庶可無虞外鶩

謹臨事

斯世豈無好善之輩而無真能戒淫之人何也蓋

人生情種。最難割斷。終身大節。臨事方知。或平昔之所曾識認。或酒後之偶爾相遭。我雖無意。彼實多情。則惡緣固當境致遞。男性偕女心俱動。縱難比跡柳下。奚容不效魯男。到此貞有操持。方為不易。所守慎之慎之。勿有一毫苟且。某有止淫一訣。謹告同人。凡慾火難遏之時。必羨艷其姿色。今轉思其人如鬍麻瞎癩。則火自熄矣。

看聖賢書

人苟淫心爆熾。雖有嚴父不及防閑。即遇賢妻莫能勸止。不知貞淫正變。載在詩書。報應因果。詳于經懺。其間可勸可懲。遺臭流芳。與夫得罪天地。無憾隱微。及以好淫而滅名絕嗣。戒淫而增福延生。苟一覽觀。昭然鑒戒。雖處愚昧。亦動良心。所當廣為演說。闢發痴迷。極意研窮。自端操守者也。

報應

人卽無良試告以妻妾穢行子女邪淫彼必艴然
大怒謂其形出以醜也曷思自己家門欲其端
正他人閨閫誰肯淫污易地相觀良心頓見是
必常常返觀內省事事由己譬人我欲淫人妻
卽作人淫我妻想我欲淫人女卽作人淫我女
想出爾反爾愼之戒之

防微

毁淫書

古今一應書籍看之皆有利益獨至淫詞艷曲總無一句好語偷香竊玉機關不止千般賣俏行姦流毒直行數世庸夫俗子固爲誑惑學士文人亦遭引誘慾心方熾豈能再顧綱常惡緣既成何暇更惜身命皆以邪説惑世故爾穢跡彰聞若使留神觀看必然盡喪人心縱難毀板易先焚書

蚤嫁娶

古云男大須婚。女大須嫁。若久阻因緣。遲其配偶。要顧體面。計論貲財。則怨女曠夫。彼此空爲眷戀。閒花野草。邂逅何必無情。縱使女節無虧。或者男淫先犯。豈知婚姻論財。本非正道。門楣相對。即是良緣。尚其交相體諒。庶乎遏邪未萌。

交遊謹慎

朋友之道。最關人品。與端人正士相交。自然誠實老成不致染習惡行若門多俗士交盡紈袴居常講論既無倫理之言白晝浪遊豈無輕薄之行或成羣結黨勾引姦淫或獻媚取容行媒進寵此雖自開滲漏實因若輩贊成急宜屏絕勿聽往來

語中積德

凡淫夫賤婦寡廉鮮耻之行原非本心所爲猶幸事屬隱微期于遮蔽庶已人無知我不失芳名

若偶爾之嫌疑傳爲奇事已前之舊說翻作新聞此豈談今論古別無快意之端顧乃發隱鈎深必及閨房之事造玆口孽能不壞心尙其隱惡揚善庶爲忠厚待人

淫報

無子嗣

隱律云姦人妻者得子孫淫佚報姦人室女者得絕嗣報古又云殺人者殺其一身淫人者殺其

三世蓄穢德必彰醜聲易播上則辱其父母中則害其夫妻下則汚其子女眞正罪孽重大非絕嗣不足以相報也每見人家有生子巳經長成忽又夭死者有多娶婢妾生子竟終身無子者亦有生子不肖如同無子者皆以淫惡過重故爾殃及子孫誠知血食非輕曷不早觀淫報

損功名

凡人功名祿位皆天上司命掌管故天榜每于闈

年預定。諸凡善惡。名有報應。惟茲淫戒。尤所最嚴。縱隱微有慽。亦被刪除。況穢跡多端。能無褫革。試觀場屋之中。孰非鬼神之事。或燭墨之污佳文不錄。或點畫差謬。考試不終。何平時素擅才名。至此文思窒塞。何向來本無深學。忽然下筆成章。凡此英雄顛倒。悉有神明主持。今既陰騭虧污。奚望名登金榜。敬告士林。咸爲砥礪。預期積德。莫愁主司。

折年壽

感應篇云凡人有過大則奪紀小則奪算又云筭盡則死試思人之過惡孰有大于好淫者乎淫惡既重豈有不卽身死者乎以一人而支衆女何難精竭神枯舍正色而就邪淫能不驚魂喪魄縱資醫藥稍緩須臾而病入膏肓奚容長久尚其生時防死無待死日求生

壞門風

大凡人家閨門必宜端正。而閨門端正。先要自巳端正。若我先尋徑竇。妻自别有懷人。父旣惟色是躭。子便相沿成習。不夫不婦。惟聞詬厲之聲。何尊何卑。盡踰大家之行。此雖家門之隱事。巳爲里巷之羞稱。尚其早戒。以正化源。毋苟溺情致于淫禍。

不淫報

子孫衆多

人惟精神耗散，情不專一，且不知樽節，時相侵犯，故往往不能成胎。若能戒淫，則陰騭既大，元氣復充，必然得子。又能清秀無毒，易于長成。諺所謂寡慾多男子，洵不誣也。夫娶妻本為生子，人顧徒思淫慾，豈知姬妾滿房，莫延宗嗣，寡妻是守，多獲佳兒。苟知嗣續為重，倘其慎爾邪淫。

功名顯達

古云：一命二相三風水四積陰功五讀書。人能戒淫是即第一種陰功也蓋富貴功名本天所定人惟虧損莫能承當若戒淫而全人子女完人夫婦不以外色棄糟糠不以幽獨行苟且種種盛德大功件件天心降鑒自然福至心靈脫白掛綠得君行道身顯名揚矣

福壽綿遠

人要享福先須延壽苟其多壽何福不臻惟其宣淫無度斯以早喪夭年若能戒淫則精神完固

疾病不生。苟非大遂功名、亦必聊臻殷富。夫妻
偕老。絕無悲慘之遭。兒婦成家。備極孝養之奉。
假使少年不慎。何能到老榮華。惟其自幼戒淫。
故爾一門衍慶。斯誠可欣可羨。何不是訓是行。

家道興隆

古云、無婦不成家。又云、和氣致祥。乖氣致戾。可見
夫婦之道。關係人家成敗也。人能戒淫、則夫妻
相敬。上下和睦。待人有方。作事有度。以義夫而

得賢妻何難操作成家從積德而致阜財豈有子孫不享親朋仰慕吉慶駢臻鑒彼家風曷端閨範

勸孝文

唐王中書勸孝文

世有不孝子浮生空碌碌不念父母恩何殊生枯木百骸未成人十月居母腹渴飲母之血饑食母之肉兒身將欲生母身如殺戮父爲母悲辛

妻對夫啼哭惟恐生産時身爲兒眷屬一旦見兒面一命喜再續自是慈母心日夜勤撫鞠母臥濕簟席兒眠乾茵褥兒睡正安寢母不敢伸縮潛身在臭穢不暇思沐浴橫簪與倒冠形容不顧陋動步憂坑井舉足畏顛覆乳哺經三年汗血計幾斛辛苦萬千端年至十五六性氣漸剛强行止難拘束朋友外追遊酒色恣所慾日暮不歸家倚門至昏旭兒行千里程母心千里

逐一娶得賢妻魚水情[illegible]商[illegible]觀妻
頗似玉父母[illegible]或[illegible]般
陪笑不為辱[illegible]羅[illegible]不遲人
憎嫌不辨人羞[illegible]長[illegible]守孤獨[illegible]
或與一飯[illegible]則與一[illegible]房猶如客寄
宿將為泉[illegible]命苦[illegible]無[illegible]
礦山谷魂[illegible]父[illegible]
兄弟分財[illegible]親[illegible]之[illegible]

等人不如禽與畜。慈烏尚反哺。羔羊猶跪足。爾
汝為人子。經書勤覽讀。黃香扇枕。冬夜溫衾
禱。王祥臥冰求。孟宗泣枯竹。郭巨尚埋兒。丁蘭
曾刻木。爰念時人。不學古風俗。勿以不孝頭。
枉戴人間屋。勿以不孝身。枉着人衣服。勿以不
孝口。枉食人五穀。天地雖廣大[illegible]
早悔前非。莫待天誅戮。

許眞[illegible]勸孝歌

有子方長成徧身新綺羅有親漸衰老輙着舊衣
多暮年非帛不温煖衣单被薄當如何勸君今後
看親服比得兒曹有半無

其二

但有肥兒丸醫得兒無病從無却老丹延得雙親
命兒身日壯親漸衰衰年血弱常多症勸君今後
保親身須比兒曹加謹慎

其三

養子雖十餘劬勞無怨悔養親則二人兄弟相推諉繞膝紛紜笑語多高堂寂寞冷如鬼勸君今後待親時只算兒曹休問彼

其四

子有一分孝君便向人道親有十分慈子心全不曉試思君待子何如罔極恩深眞不小勸君今後不忘親將慈比孝誰多少

其五

兒曹每多言聽來未嘗厭父母一開口便道閑多管一般言語恁差池老人小子何長短勸君今後聽親言只當兒曹休不滿

居址

大凡住居溫潤光澤者吉枯槁冷落者凶前低後高世出英豪前高後低長幼昏迷左低右高男子榮昌陽宅則吉陰宅不祥右低左高陰宅豐豪陽宅不吉主必奔逃兩新夾舊死人不止兩

舊夾新。光顯祖宗。實東空西。家無老妻。有西無東。家無阿翁。接棟半枉。人散無主。前有汚池爲朱雀。後有丘陵爲玄武。左有流水爲青龍。右有孔道爲白虎。

居家雜忌

前庭不宜種樹。屋後不可種芭蕉。大樹不宜臨軒。房門不可對天井。廚房門不可對房門。凡掛床帳用曆上水閉日則辟蚊。門日

不宜對水坑大樹不宜當門　路衝門神與門
中水出並凶　塞古井令人目盲耳聾　堂前
不可穿井　井竈不宜相見　女子不宜祭竈
刀斧不宜置竈上　糞箕不宜在竈下　竈
下歌笑啼哭者大不祥　天井內不可栽花木
主淫佚大凶　竈灰棄糞坑中大凶　雷初鳴
打床褥能去蚤虱　夜臥停燈與賊為眼　聞
犬吠急宜喚醒同伴不可寬懈　夜覺盜賊不

◎

可乘暗擊之須令其自竄　獲盜即宜解官不可先自毆傷　竈中不可有宿火　竈下不可有積柴　暮年不可納寵畜妾不宜太慧　婦人僮僕之言不宜聽信　小兒不可衣以金珠

墓中不宜放金玉于中

起居宜忌

醉飽行房生百病　坐卧沐浴勿當簷風及窗隙風皆成病　馬尾作牙刷損齒　諸禽獸魚油

點燈令人盲目　嗅臘梅花生鼻痔　夜夢不祥不宜說　夜間不宜談鬼　星月下切不可裸形　夜行勿歌唱大叫　水過夜面上有五色光彩不宜浴手　汗出時及醉時不可扇　大小便不可忍成膝勞冷脾　向星辰神堂廟宇不可大小便　立秋日不宜浴　磨刀水浴手生癬　夜臥不宜開口泄氣損神　睡宜側身屈膝不可仰臥　停燈行房事損壽　夜飯

少得壽　未語時服補藥入腎經　不語唾塗瘡則腫消　早行宜吃飽或飲酒則解瘴氣不受風邪　渡江河朱書禹字藏身能免風濤之患　夜臥者不宜戲書其面

飲食宜忌

黑沙糖與鯽魚同食生蟲與笋同食成痴癖　雞與韭菜同食生蟲　豬肉與薑同食發風　葱與蜜同食相反傷命　蟹與柿同食成厲疾

鮮蓮肉帶青心食多令人霍亂。糯米煮粥喫補陰益氣。赤豆煮汁飲能令婦人通乳。菉豆作枕明目又治頭風煮粥喫最補。紫蘇能解螃蟹諸魚毒。生薑汁解半夏毒。扁豆治霍亂轉筋吐瀉又解河豚毒久食之頭不白。鹿角菜治小兒骨蒸熱并散風熱邪氣。芫荽治小兒痘疹不出以酒研汁噴洒臥處即出。醬內生虫以草烏六七箇切碎撒入醬內自死。

空心茶。黄昏飯宜戒之。食後用濃茶漱口。齒不敗。酒後食芥辣多則緩人筋骨。多食酸醋損人皮骨。芝麻炒食之不生風疾。韭菜多食神昏目眩。蒜多食傷肝瘻陽。薺菜與麵同食發病。莧菜同鱉及蕨菜共食生血鱉。菠菜多食冷大小腸。萵苣菜多食昏目。茄子最冷秋後食之損目。冬瓜多食發黄疸。九月勿食。茭白勿同生菜食。蘿蔔不宜多食。生者滲血。髮易白。土菌。即十蕈。昔人誤食菌者笑不止而死。中其毒者。糞清。解即愈。食生藕。止吐血。蒸熟喫。能補五臟。實下焦。菱角多食。冷臟傷脾。雞豆多食。能補人。梅子多食。損齒傷筋。櫻桃多食。發風熱。橘子柚子酸者生痰。甜者潤肺。橙皮多食。傷肝。忌與檳榔同食。楊梅桃杏多食。發熱傷筋骨。杏仁多食。目昏髮落。李子不沉水者有毒。亦不宜多食。水梨多食。能消痰。石榴多食。損肺及齒。栗子多食。生者難化。熟者多滯氣。白果熟者。能補人。亦不宜多食。胡桃多食。動風痰。脫眉髮。枇杷多食。發痰熱。榧子多食。能消咳嗽。固筋骨。榛子多食。能益氣寬胃。荔枝多食。發熱。圓眼多食。能補人。柿能清肺熱。亦不宜多食。棗多食。則損齒。一切果核雙仁者害人。甜瓜沉水者。殺人。雙蒂者亦然。

西瓜食之能解暑毒。甘蔗多食。出鼻血。猪
腦損陽。猪肉發風。猪蹄尤甚。猪羊血及鷄鵞
等血。俱不宜食。牛驢馬自死者食之得惡疾。
鯽魚春不食者。其頭中有蟲也。有脚氣者不
宜食。河豚魚有毒不宜食。中其毒者橄欖汁
解。鵓鴿補人。有病者食之。減藥力。鯉魚發
風熱。病後不宜食。鱔魚多食成霍亂。烏魚
不宜食。鰻魚多食補陰。夏月用乾鰻魚室中

燒之蚊虫化爲水　鱉不宜食目大者赤足者腹下生王字形者三足者獨目者目白者腹有蛇文者俱殺人夏月多有蛇化爲鱉宜戒之蟹背上有星者脚不全者獨目者腹有毛者能害人有風疾不可食　銅器盛水隔夜不可飲瓶内揷花宿水飲之能殺人　飲食不宜夜露恐飛絲墮其中有毒　凡諸物熱食傷骨冷食傷肺熱無盪嘴冷無冰齒

正月

元旦換桃符門神。雞鳴時以火把照桑樹果樹。則無虫。子後丑前吞赤小豆七粒椒酒一杯。能辟瘟邪。辰日塞鼠穴則無鼠。正月七日上會日可齋戒。立春後卽脫綿衣多傷寒霍亂。正月勿食梨。正月甲子日拔白鬚髮永不生。此月栽樹爲上。凡諸果上半月栽者多子。起南風并火日不宜栽。

二月

二月六日八日宜沐浴齋戒。九日忌食一切魚鱉。十四日忌遠行水陸俱不可往。是月勿食梨黃花菜。庚日起魚秧。上辰日取土泥蠶室。驚蟄日以石灰糝門檻上免虫蟻。社日祭社神鳴田鼓童子廢學業幼女停女工俗云是日不嬉戲令人智昏。此月雨水中簽諸般樹條則活。

三月

三月一日忌行房事。三日乃神日。勿食諸鱗物。

三月三日乃上巳日。採艾懸戶。以備一歲之灸。又收苦楝花或葉。放床席下。可辟虱蚤。十六日忌遠行。水陸俱不可往。三月食韮大益。食鷄子令人昏亂。清明日夜半以稻草縛樹。上不生帶毛蟲。清明前二日鷄鳴時煮糯米。熟取洗鍋熱水。遍澆井口甕邊地。則蟲蟻不

生。清明日用熨斗盛炭火炒棗子臥帳內。上下遂（燧）烟氣則蚤不生　初九日牛鬼神降諸事不宜

四月

四月八日不宜遠行。宜沐浴齋戒。此日勿斬草伐樹。是月乃純陽用事之月宜謹忌房事宜補腎臓（臟）。調和胃氣無失其時。食鷄肉能發舊病且能生百病

五月

五月一日取枸杞煎湯沐浴。令人光澤。不病不老。

五日以五色綵懸臂。辟兵及鬼。令人不染瘟。

五日午時採艾治百病。收百草以爲藥。以朱砂寫茶字倒貼之。蛇蝎不敢近。 寫白字倒貼于壁柱上。則蝇遠去。

五日用熨斗燒一棗置床下。能辟蚤。

十六日是日天地交泰。宜夫婦異寢

是日不可洗晒衣服床席一切物件小兒之物更宜忌。午時收猪心血同黃丹乳香研和爲丸如鷄豆大以紅絹裝之掛于門上如胎死腹中者令酒磨下一丸即下胎矣。午時用獨頭蒜五个搗爛如泥將黃丹一兩調和爲丸如鷄頭子大晒乾患心痛者醋磨一丸服之。五月戊辰日用猪首祭竈大吉。五月初五六七日、十五六七日、廿五六七日、爲九毒日宜忌房事。

夏至日。挑井能辟瘟。夏至日。食百家飯。則不疰夏。是月十三日。乃竹醉日。可移竹。

六月

六月六日宜造神麴。忌沐浴。俗云浴之令人體臭六月食韭菜。昏目。食羊肉。損神。暑月大熱扇手心。則五體俱凉。三伏內造醬。伏日不可迎娶。是月斫竹不蛀。

七月

七月七日。是夜洒掃中庭。設几筵酒脯時果之類。撒香粉于筵上。以祈牽牛織女。見天河中有奕奕白氣。此爲應驗。見者便拜而願求富求壽求子。婦女穿針鬬巧。謂之乞巧。是日晒冬夏衣服及書畫。十五中元日。宜修齋。立秋日以秋水吞赤小豆七粒。止黃白痢。立秋後五日不宜食瓜。立秋日祭田祖。不宜沐浴。

八月

八月八日將枸杞煎湯沐浴。令人光澤。中秋夜下罌粟子。八月十九日拔白鬚髮。永不生。八月勿食薑蒜。勿食鷄子鷄肉猪肺。生瘡損人神氣。秋分日不宜殺生。

九月

九月九日佩茱萸。食栗糕。飲菊花酒。令人長壽。九日收枸杞浸酒飲。不白髮。勿扻床褥。十八日忌遠行。二十六日宜沐浴。是月吃薑損目。

十月

十月四日勿責罰人。仙家大忌。十月十五日下
元日。宜修齋。十月十八日。沐浴。大吉。十月
上巳日。採槐子服之。能去百病。十月勿食猪
肉猪腰子發舊病。十月勿食椒。經霜菜。冬
三月食芋不發病。不宜多食葱。

十一月

十一月勿食蝦蚌着甲之物。冬至前后五日宜忌房事。十六日沐浴吉。冬至日用糟水浇海棠花。是月如有雪收貯雪水埋地中浸穀倍收不怕旱。

十二月

十二月勿食猪肉牛肉蟹鱉。臘八日懸猪油于糞坑上則一家無蠅。沐浴吉。二十四日床底點燈謂之照虚耗。是日栽柳不蛀。本月癸

丑造門。盆不敢入。臘日祭竈吉。冬至後三戌為臘日也

臘後遇除日取鼠頭燒灰于地上埋之永無鼠耗。除夕懸屠蘇于井中令沉至泥。正月朔日取起。置酒中煎數滚合家飲之能辟瘟疫。除夜以薪燎庭中。能辟灾而助陽氣。除夜神佛前及廳堂房屋宜明燈達旦。主家宅光明。除夜于膏腴田內。取上泥竈。主招財。臘後水日弗令入見。以淨水洒床席毯褥。能辟狗蚤壁虱。

臘水日糊裱褙不蛀。臘月下雪宜收貯罈中能治湯火烙瘡亦治口舌瘡

愛惜五谷

凡斗斛量米淘米時及喫飯時有狼籍在地在桌在盤者即便拾起不可聽人踐踏又淨鍋時水定以容竹籃架缸上將水撓入籃中所瀝米粒飯糝以淨水淘洗之或施乞兒或活鳥雀功甚大焉

聯扁

訓誨子弟。雖在父兄耳提而命。至于觸目警心。皆可爲教。古之人左圖右史。良有以也。因將凡有關身心之對聯扁額圖章用錄于後。

能忍自安。依仁成里。澹泊明志。崇儉可久。

知足常樂。與德爲隣。寧靜致遠。積德乃昌。

恕則情平。讀聖賢書。羣居謹口。英雄膽小。

儉能用足。行仁義事。獨坐防心。志士節高。

勤能補拙
儉足養廉

靜裏思三益
閒中畏四知

身世雙蓬鬢
乾坤一草亭

修身完父母
積德付兒孫

竹影摩書案
花飛點硯池

居心宜厚道
涉世貴謙恭

坐臥憑書遣
行藏作謎猜

且自親花鳥
隨人呼馬牛

氣與春風暖
心將秋月明

常將勤補拙
勿以刻爲能

小窗容我靜
大地任人忙

拙因知事少
老悔讀書遲

酒醉琴爲枕。詩狂石作箋。愛人須以德。知我莫如天。榻因知已設。書爲課兒留。雲山怡我靜。花鳥笑人忙。

知分貧堪樂。無營夢亦清。功名勤苦得。事業儉誠成。爲存心地好。特種福田多。愛我無如酒。輸人不但碁。

子孝雙親樂。家和萬事成。涉世無柔骨。逢人有熱腸。靜坐當思過。閒談勿論人。紅杏春啼鳥。青藜夜照書。

交跡常閉戶
興到獨登樓

一心千頃水
七尺五湖船

爲善匪圖譽望
讀書豈獨功名

豈能盡如人意
但求不愧我心

諸味無如菜
奇觀莫若書

乙照分青玉
江花艷紫蘿

常念祖宗訓誡
當知稼穡艱難

心事青天白日
襟懷霽月光風

邏瑟依匡鼎
懷蛟敵禹碑

◎

一已精神有限　漫踏空中樓閣
天下色慾無窮　恐驚天上星辰
留小民之有餘　但知一日兄和弟
行大知以無事　誰料千秋帝與王　關夫子
不敢妄爲些子事　養成大拙方爲巧
只因曾讀數行書　學到如愚纔是賢
頭上有天心可對　常將酒鑰開眉鎖
眼前無事意當防　莫把心機織髩絲

◎

書從難解翻成悟　細看世事慵開口
文到無心始見奇　歷盡人情只點頭
山城神雀翻霞綺　荆樹有花兄弟樂
蘭渚還珠散月明　官署　書田無稅子孫耕
欲知世味須嘗膽　世道每從謙處好
要識人情但看花　人倫常在忍中全
惹怨每從開口舌　非因果報方行善
招愆多為熱心腸　豈為功名始讀書

寬着肚皮須忍辱　淡酒飲教微醉後
放開眉眼任從他　好花放到半開時
細翻棊譜等收着　春酒熱時留客醉
閒覓醫方養暮年　夜燈紅處課兒書
書田菽粟皆眞味　兒女債還生白髮
心地芝蘭有異香　利名心淡愛青山
惟求事業參天地　天道好還謀果報
不使身心愧聖賢　人心能忍福偏饒

人生未許全無事　同心兄弟眞師友
世態何須定認眞　得意文章祇性情
成人不待賓朋勸　天地有情容我老
立志須當自己爲　山川無語笑人忙
一窗花鳥王維畫　意思閒半庭花艸
四壁雲山杜甫詩　襟懷內百里風雲
眞理學從五倫做起　十二時中莫欺自己
大文章自六經看來　千百年後敢讓何人

積金積玉。莫如積德。　老農老圃。吾不如也。

問富問貴。只須問心。　一丘一壑。自謂過之。

有工夫讀書。便是造化。　孝弟通神明。務先根本。

待功名到手。方見文章。　言行動天地。慎爾樞機。

天地君親師。大恩難報。

仁義禮智信。至德宜修。

創業維艱。祖父倍嘗辛苦。

守成不易。子孫宜戒奢華。

積德好。讀書好。學好。便好。

創業難。守成難。知難。不難。

戲塲開。擺立着。君臣。父子。

鑼鼓歇。知誰是。兒女。夫妻。

心作良田。百世耕之不盡。

善爲至寶。一生用之有餘。

孝悌力田。人食先疇舊德。

詩書執禮。家敦古處餘風。

忙處事爲。常向閒中檢點。
勤時念想。須從静裏操持。
四海和平之福。只在隨緣。
一生牵惹之勞。都因好事。
寵辱不驚。始見丈夫度量。
進退有節。方成豪傑胸襟。
丹桂有根。必長詩書門第。
黄金無種。獨生勤儉人家。

朝暮暮朝朝也暮邁征日月
暑寒寒暑暑也寒來復春秋
耕讀兩途讀可榮身耕可富
勤儉二字勤能創業儉能盈
孝莫辭勞轉眼便爲人父母
善毋望報回頭但看爾子孫
何物關心二月杏花八月桂
是誰過我三更燈火五更鷄

好友相逢，對榻論文過夜半。
嘉賓共樂，携樽玩月到更闌。
斗室安居，不必積金先積德。
布衣隨分，雖無恒產有恒心。
言易招尤，對人前少說幾句。
書能益智，教兒孫多讀幾行。
讀書對聖賢，要知所學何事。
立身在天地，當求無愧此心。

一生在君父恩中云何報答
凡事看兒孫面上勸且寬容

出爲蒼生今古何人非小草
且舒白眼乾坤浮處一蘧廬

大堂對

畏世路之崎嶇只宜省言省事
懼人情之反覆還須愼始愼終

舉念時明明白白毋欺了自己
到頭處是是非非曾放過幾人

雪逞風威白佔田園能幾日
雲隨雨勢黑瞞天地不多時
任爾機謀怎挽回𢍰此間關節　神對
倩誰權勢敢貪緣說這裏人情
半簾明月半床書無福者便生幻想
幾種野花幾竿竹有道者只收放心
焚膏夜讀古人書慱換得玉堂金馬
帶雨春耕芳草地受用的千倉萬箱

斷簡殘編收拾些好秀才等向上去
操心慮危閱過了大英雄從這裏來

毒蘊陰陽任他倉扁神工斡旋無術
權參造化看伊父母心地點綴幾顆

痘神

萬縷蠶絲做件衣須知機女辛勤織就
千顆米粒供飱飯要識農夫勤劬種成

閉戶焚香消受个中滋味惟有讀書臨帖
開窗待月放寬底裏襟懷只是飲酒賦詩

家本農桑雖宦達當記得先人櫛風沐雨
世守耕讀縱富貴莫忘却平日淡飯黃虀
孽鏡分明巧佞奸邪難掩避惡人到此能不心寒
夜臺淒楚王侯將相不相饒善士臨期自然氣壯
燕翼肇貽謀蔚爾宗功祖績春曰禴秋曰嘗明德
自當食報福祿有私乎
瓜瓞衍雲礽必期子孝孫賢創厥業垂厥統後人
咸正無缺箕裘勿替矣 宗廟

仁壽堂　敦本堂　讀古堂　三畏堂　執中堂
鳳池堂　寧遠堂　留耕堂
得月樓　百尺樓　醉花樓　花雨樓　風滿樓
來青閣　容閒閣　多月閣　留雲閣
耳聞亭　一草亭　問水亭　晚香亭　我思亭
問心齋　養拙齋　伴花齋
君子居　有竹居　醉花居

就局了[illegible]

看世人碌碌營營，爲利鑽名韁。牽了人東奔西逐。一個個百思千千思萬，徒勞心曲。覷着他貴顯的五更待漏，急忙忙歲月被迎。幾多般倏有多少送往迎來，朝昏衙衙。更有亦謾誤彈章，輕流重戮。覷着他豐富的計利生錢，亂慌慌南北奔馳。幾多頓撲，有多少馬跡車塵，風食露宿。更有那被劫遭風，覊身異域。爲名的終朝勞碌，爲利的一生馳逐。到

◎

頭來逃不過命裏安排枉事空急劇百年三萬六
千日閱遍了名利場中千翻萬覆要曉得天下無
不了的棋局做過事業受過辛苦何不回頭自甘
淡泊且隨緣安分就局結局數椽茅屋幾碗黃虀
粥芒鞋布襪黃冠草服早輸糧門無剝啄課兒孫
勤將書讀不饑不冷自享安閒清福且做個山中
宰相隨意逍遙便是神仙騎白鹿何須貪名戀利
仔細看來是鴆毒惟恐喪名失利費多少求神問

丁丢下然基不能上廣散者家以莫妄想繼念詰
計圖笞慾且開懷莫把眉尖蹙你看着四時花冉
開開謝謝這就是名利塲中的結局